DESCUBRE 2

Lengua y cultura del mundo hispánico

TEACHER'S EDITION

Cuaderno de práctica

Student Text ISBN: 978-1-68004-635-9
Teacher's Edition ISBN: 978-1-68004-659-5

2 3 4 5 6 7 8 9 PP 21 20 19 18 17

Table of Contents

contextos

Lección 1

1 **El cuerpo humano** Label the parts of the body.

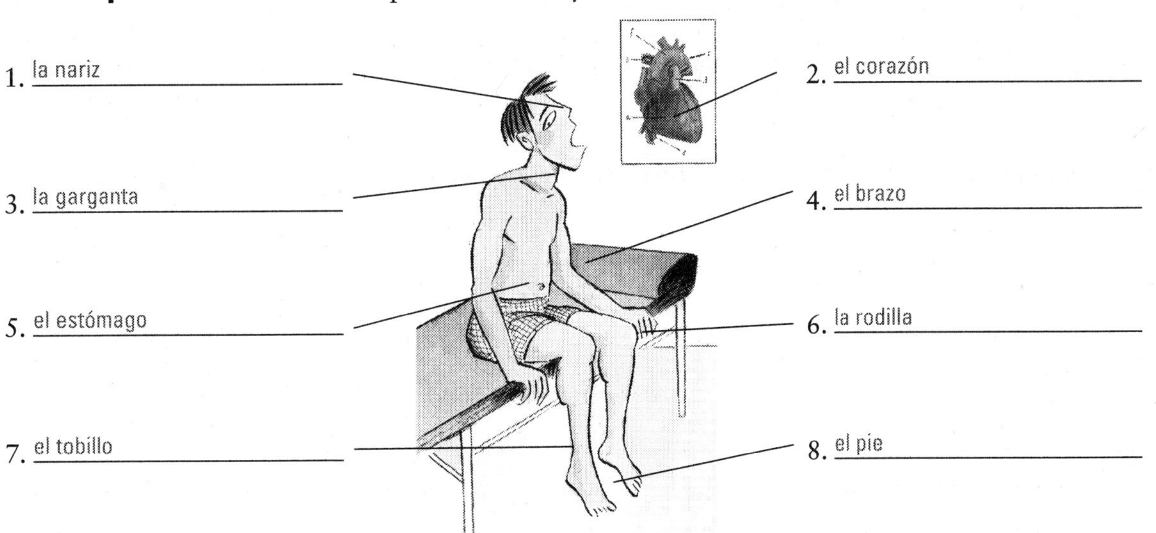

1. la nariz
2. el corazón
3. la garganta
4. el brazo
5. el estómago
6. la rodilla
7. el tobillo
8. el pie

2 **¿Adónde vas?** Indicate where you would go in each of the following situations.

la clínica	el dentista	el hospital
el consultorio	la farmacia	la sala de emergencia

1. Tienes que comprar aspirinas. la farmacia
2. Te duele un diente. el dentista
3. Te rompes una pierna. la sala de emergencia
4. Te debes hacer un examen médico. la clínica/el consultorio
5. Te van a hacer una operación. el hospital
6. Te van a poner una inyección. la clínica/el consultorio

3 **Las categorías** List these terms under the appropriate category.

antibiótico	gripe	receta
aspirina	operación	resfriado
estornudos	pastilla	tomar la temperatura
fiebre	radiografía	tos

Síntoma: estornudos, fiebre, tos

Enfermedad: gripe, resfriado

Diagnóstico: radiografía, tomar la temperatura

Tratamiento (*Treatment*): antibiótico, aspirina, operación, pastilla, receta

Nombre ______________________ Fecha ______________________

Lección 1

4 **En el consultorio** Complete the sentences with the correct words.

1. La señora Gandía va a tener un hijo en septiembre. Está embarazada.
2. Manuel tiene la temperatura muy alta. Tiene fiebre.
3. A Rosita le recetaron un antibiótico y le van a poner una inyección.
4. A Pedro le cayó una mesa en el pie. El pie le duele mucho.
5. Durante la primavera, mi tía estornuda mucho y está muy congestionada.
6. Tienes que llevar la receta a la farmacia para que te vendan (*in order for them to sell you*) la medicina.
7. Le tomaron una radiografía de la pierna para ver si se le rompió.
8. Los síntomas de un resfriado son los estornudos y la tos.

5 **Doctora y paciente** Choose the logical sentences to complete the conversation between la doctora Pérez and José Luis.

DOCTORA ¿Qué síntomas tiene?

JOSÉ LUIS (1) ______________________
- (a.) Tengo tos y me duele la cabeza.
- b. Soy muy saludable.
- c. Me recetaron un antibiótico.

DOCTORA (2) ______________________
- a. ¿Cuándo fue el accidente?
- (b.) ¿Le dio fiebre ayer?
- c. ¿Dónde está la sala de emergencia?

JOSÉ LUIS (3) ______________________
- a. Fue a la farmacia.
- b. Me torcí el tobillo.
- (c.) Sí, mi esposa me tomó la temperatura.

DOCTORA (4) ______________________
- (a.) ¿Está muy congestionado?
- b. ¿Está embarazada?
- c. ¿Le duele el dedo del pie?

JOSÉ LUIS (5) ______________________
- a. Sí, me hicieron una operación.
- b. Sí, estoy mareado.
- (c.) Sí, y también me duele la garganta.

DOCTORA (6) ______________________
- a. Tiene que ir al consultorio.
- (b.) Es una infección de garganta.
- c. La farmacia está muy cerca.

JOSÉ LUIS (7) ______________________
- (a.) ¿Tengo que tomar un antibiótico?
- b. ¿Debo ir al dentista?
- c. ¿Qué indican las radiografías?

DOCTORA (8) ______________________
- a. Sí, es usted una persona saludable.
- b. Sí, se lastimó el pie.
- (c.) Sí, ahora se lo voy a recetar.

Nombre ______________________ Fecha ______________________

estructura

1.1 The imperfect tense

1 **¿Cómo eran las cosas?** Complete the sentences with the imperfect forms of the verbs in parentheses.

1. Antes, la familia Álvarez ___cenaba___ (cenar) a las ocho de la noche.
2. De niña, yo ___cantaba___ (cantar) en el Coro de Niños de San Juan.
3. Cuando vivían en la costa, ustedes ___nadaban___ (nadar) por las mañanas.
4. Mis hermanas y yo ___jugábamos___ (jugar) en un equipo de béisbol.
5. La novia de Raúl ___tenía___ (tener) el pelo rubio en ese tiempo.
6. Antes de tener la computadora, (tú) ___escribías___ (escribir) a mano (*by hand*).
7. (nosotros) ___Creíamos___ (creer) que el concierto era el miércoles.
8. Mientras ellos lo ___buscaban___ (buscar) en su casa, él se fue a la universidad.

2 **Oraciones imperfectas** Create sentences with the elements provided and the imperfect tense.

1. mi abuela / ser / muy trabajadora y amable
   Mi abuela era muy trabajadora y amable.
2. tú / ir / al teatro / cuando vivías en Nueva York
   Tú ibas al teatro cuando vivías en Nueva York.
3. ayer / haber / muchísimos pacientes en el consultorio
   Ayer había muchísimos pacientes en el consultorio.
4. (nosotros) / ver / tu casa desde allí
   Veíamos tu casa desde allí.
5. ser / las cinco de la tarde / cuando llegamos a San José
   Eran las cinco de la tarde cuando llegamos a San José.
6. ella / estar / muy nerviosa durante la operación
   Ella estaba muy nerviosa durante la operación.

3 **No, pero antes...** Your nosy friend Cristina is asking you many questions. Answer her questions negatively, using the imperfect tense.

modelo
¿Juega Daniel al fútbol?
No, pero antes *jugaba*.

1. ¿Hablas por teléfono? No, pero antes hablaba.
2. ¿Fue a la playa Susana? No, pero antes iba.
3. ¿Come carne Benito? No, pero antes (la) comía.
4. ¿Te trajo muchos regalos tu novio? No, pero antes me (los) traía.
5. ¿Conduce tu mamá? No, pero antes conducía.

4 **¿Qué hacían?** Write sentences that describe what the people in the drawings were doing yesterday at three o'clock in the afternoon. Use the subjects provided and the imperfect tense. Answers may vary. Suggested answers:

1. Tú
   Tú escribías cartas/postales.

2. Rolando
   Rolando buceaba en el mar.

3. Pablo y Elena
   Pablo y Elena jugaban a las cartas.

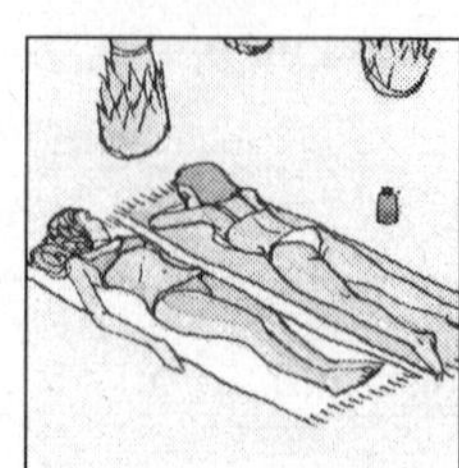

4. Lilia y yo
   Lilia y yo tomábamos el sol.

5 **Antes y ahora** Javier is thinking about his childhood—how things were then and how they are now. Write two sentences comparing what Javier used to do and what he does now.

modelo

vivir en un apartamento pequeño / vivir en una casa grande
Antes (yo) vivía en un apartamento pequeño.
Ahora vivo en una casa grande.

1. jugar al fútbol con mis primos / jugar en el equipo del colegio
   Antes jugaba al fútbol con mis primos. Ahora juego en el equipo del colegio.

2. escribir las cartas a mano / escribir el correo electrónico con la computadora
   Antes escribía las cartas a mano. Ahora escribo el correo electrónico con la computadora.

3. ser gordito (*chubby*) / ser delgado
   Antes era gordito. Ahora soy delgado.

4. tener a mis primos cerca / tener a mis primos lejos
   Antes tenía a mis primos cerca. Ahora tengo a mis primos lejos.

5. estudiar en mi habitación / estudiar en la biblioteca
   Antes estudiaba en mi habitación. Ahora estudio en la biblioteca.

6. conocer a personas de mi ciudad / conocer a personas de todo el (*the whole*) país
   Antes conocía a personas de mi ciudad. Ahora conozco a personas de todo el país.

1.2 The preterite and the imperfect

1 **Los accidentes** Complete the sentences correctly with imperfect or preterite forms of the verbs in parentheses.

1. Claudia celebraba (celebrar) su cumpleaños cuando se torció el tobillo.
2. Ramiro tenía fiebre cuando llegó (llegar) a la clínica.
3. Mientras el doctor miraba (mirar) la radiografía, yo llamé por teléfono a mi novia.
4. (yo) Estaba (estar) mirando la televisión cuando mi mamá se lastimó la mano con la puerta.
5. Cuando Sandra llegó a la universidad, tenía (tener) un dolor de cabeza terrible.
6. ¿De niño (tú) te enfermabas (enfermarse) con frecuencia?
7. El verano pasado, Luis y Olivia sufrieron (sufrir) una enfermedad exótica.
8. Anoche, mi primo y yo perdimos (perder) la receta de mi tía.

2 **Antes y ayer** Complete each pair of sentences by using the imperfect and preterite forms of the verbs in parentheses.

(bailar)
1. Cuando era pequeña, Sara bailaba ballet todos los lunes y miércoles.
2. Ayer Sara bailó ballet en el recital de la universidad.

(escribir)
3. La semana pasada, (yo) escribí mi tarea en la computadora.
4. Antes (yo) escribía la tarea a mano.

(ser)
5. El novio de María era delgado y deportista.
6. El viaje de novios fue una experiencia inolvidable (*unforgettable*).

(haber)
7. Hubo una fiesta en casa de Maritere el viernes pasado.
8. Cuando llegamos a la fiesta, había mucha gente.

(ver)
9. El lunes (yo) vi a mi prima Lisa en el centro comercial.
10. De niña, yo veía a Lisa todos los días.

Lección 1

3 **¿Qué pasaba?** Look at the drawings, then complete the sentences using the preterite or imperfect.

1. Cuando llegué a casa anoche, las niñas dormían/estaban dormidas.

2. Cuando empezó a llover, Sara cerró la ventana.

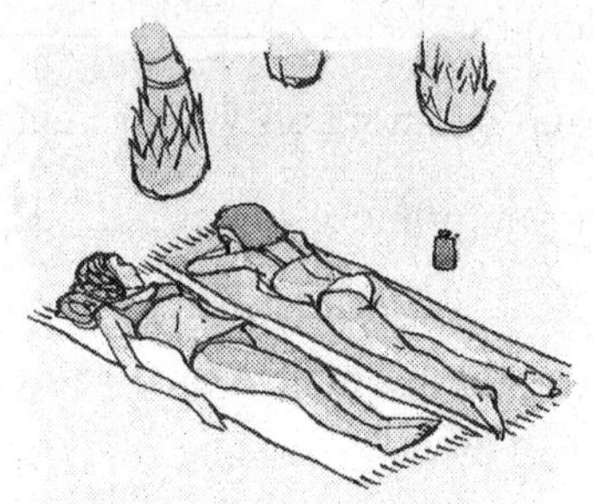

3. Antes de irse de vacaciones, la señora García compró una maleta.

4. Cada verano, las chicas tomaban el sol.

4 **El pasado** Decide whether the verbs in parentheses should be in the preterite or the imperfect. Then rewrite the sentences.

1. Ayer Clara (ir) a casa de sus primos, (saludar) a su tía y (comer) con ellos.
   Ayer Clara fue a casa de sus primos, saludó a su tía y comió con ellos.
2. Cuando Manuel (vivir) en San José, (conducir) muchos kilómetros todos los días.
   Cuando Manuel vivía en San José, conducía muchos kilómetros todos los días.
3. Mientras Carlos (leer) las traducciones (*translations*), Blanca (traducir) otros textos.
   Mientras Carlos leía las traducciones, Blanca traducía otros textos.
4. El doctor (terminar) el examen médico y me (recetar) un antibiótico.
   El doctor terminó el examen médico y me recetó un antibiótico.
5. La niña (tener) ocho años y (ser) inteligente y alegre.
   La niña tenía ocho años y era inteligente y alegre.
6. Rafael (cerrar) todos los programas, (apagar) la computadora y (irse).
   Rafael cerró todos los programas, apagó la computadora y se fue.

5 **¡Qué diferencia!** Complete this paragraph with the preterite or the imperfect of the verbs in parentheses.

La semana pasada (yo) (1) llegué (llegar) a la universidad y me di cuenta (*realized*) de que este año iba a ser muy diferente a los anteriores. Todos los años Laura y yo (2) vivíamos (vivir) con Regina, pero la semana pasada (nosotras) (3) conocimos (conocer) a nuestra nueva compañera de cuarto, Gisela. Antes Laura, Regina y yo (4) teníamos (tener) un apartamento muy pequeño, pero al llegar la semana pasada, (nosotras) (5) vimos (ver) el apartamento nuevo: es enorme y tiene mucha luz. Antes de vivir con Gisela, Laura y yo no (6) podíamos (poder) leer el correo electrónico desde la casa, pero ayer Gisela (7) conectó (conectar) su computadora a Internet y todas (8) miramos (mirar) nuestros mensajes. Antes (nosotras) siempre (9) caminábamos (caminar) hasta la biblioteca para ver el correo, pero anoche Gisela nos (10) dijo (decir) que podemos compartir su computadora. ¡Qué diferencia!

6 **¿Dónde estabas?** Write questions and answers with the words provided. Ask where these people were when something happened.

modelo
Jimena ⟶ Marissa / salir a comer // cuarto / dormir la siesta
¿Dónde estaba Jimena cuando Marissa salió a comer?
Jimena estaba en el cuarto. Dormía la siesta.

1. Miguel ⟶ (yo) / llamar por teléfono // cocina / lavar los platos
   ¿Dónde estaba Miguel cuando llamé por teléfono?
   Miguel estaba en la cocina. Lavaba los platos.
2. (tú) ⟶ Juan Carlos y yo / ir al cine // casa / leer una revista
   ¿Dónde estabas cuando Juan Carlos y yo fuimos al cine?
   Estaba en casa. Leía una revista.
3. tu hermano ⟶ empezar a llover // calle / pasear en bicicleta
   ¿Dónde estaba tu hermano cuando empezó a llover?
   Mi hermano estaba en la calle. Paseaba en bicicleta.
4. ustedes ⟶ Felipe / venir a casa // estadio / jugar al fútbol
   ¿Dónde estaban ustedes cuando Felipe vino a casa?
   Estábamos en el estadio. Jugábamos al fútbol.
5. Jimena y Felipe ⟶ (tú) / saludarlos // supermercado / hacer las compras
   ¿Dónde estaban Jimena y Felipe cuando los saludaste?
   Estaban en el supermercado. Hacían las compras.

7 **El diario de Laura** Laura has just found a page from her old diary. Rewrite the page in the past tense, using the preterite and imperfect forms of the verbs as appropriate.

Querido diario:

Estoy pasando el verano en Alajuela, y es un lugar muy divertido. Salgo con mis amigas todas las noches hasta tarde. Bailamos con nuestros amigos y nos divertimos mucho. Durante la semana trabajo: doy clases de inglés. Los estudiantes son alegres y se interesan mucho por aprender. El día de mi cumpleaños conocí a un chico muy simpático que se llama Francisco. Me llamó al día siguiente (*next*) y nos vemos todos los días. Me siento enamorada de él.

Estaba pasando el verano en Alajuela, y era un lugar muy divertido. Salía con mis amigas todas las noches hasta tarde. Bailábamos con nuestros amigos y nos divertíamos mucho. Durante la semana, trabajaba: daba clases de inglés. Los estudiantes eran alegres y se interesaban mucho por aprender. El día de mi cumpleaños conocí a un chico muy simpático que se llamaba Francisco. Me llamó al día siguiente y nos veíamos todos los días. Me sentía enamorada de él.

8 **Un día en la playa** Laura is still reading her old diary. Rewrite this paragraph, using the preterite or imperfect forms of the verbs in parentheses as appropriate.

Querido diario:

Ayer mi hermana y yo (ir) a la playa. Cuando llegamos, (ser) un día despejado con mucho sol, y nosotras (estar) muy contentas. A las doce (comer) unos sándwiches de almuerzo. Los sándwiches (ser) de jamón y queso. Luego (descansar) y entonces (nadar) en el mar. Mientras (nadar), (ver) a las personas que (practicar) el esquí acuático. (Parecer) muy divertido, así que (decidir) probarlo. Mi hermana (ir) primero, mientras yo la (mirar). Luego (ser) mi turno. Las dos (divertirse) mucho esa tarde.

Ayer mi hermana y yo fuimos a la playa. Cuando llegamos, era un día despejado con mucho sol, y nosotras estábamos muy contentas. A las doce comimos unos sándwiches de almuerzo. Los sándwiches eran de jamón y queso. Luego descansamos y entonces nadamos en el mar. Mientras nadábamos, vimos a las personas que practicaban el esquí acuático. Parecía muy divertido, así que decidimos probarlo. Mi hermana fue primero, mientras yo la miraba. Luego fue mi turno. Las dos nos divertimos mucho esa tarde.

Nombre ______________________ Fecha ______________________

1.3 Constructions with **se**

1 **¿Qué se hace?** Complete the sentences with verbs from the word bank. Use impersonal constructions with **se** in the present tense.

caer	hablar	recetar	vender
dañar	poder	servir	vivir

1. En Costa Rica ___se habla___ español.
2. En las librerías ___se venden___ libros y revistas.
3. En los restaurantes ___se sirve___ comida.
4. En los consultorios ___se recetan___ medicinas.
5. En el campo ___se vive___ muy bien.
6. En el mar ___se puede___ nadar y pescar.

2 **Los anuncios** Write advertisements or signs for the situations described. Use impersonal constructions with **se**.

1. "Está prohibido fumar".

   Se prohíbe fumar./No se debe fumar.

2. "Vendemos periódicos".

   Se venden periódicos.

3. "Hablamos español".

   Se habla español.

4. "Necesitamos enfermeras".

   Se necesitan enfermeras.

5. "No debes nadar".

   No se debe nadar./Se prohíbe nadar.

6. "Estamos buscando un auto usado".

   Se busca un auto usado.

3 **¿Qué les pasó?** Complete the sentences with the correct indirect object pronouns.

1. Se ___le___ perdieron las maletas a Roberto.
2. A mis hermanas se ___les___ cayó la mesa.
3. A ti se ___te___ olvidó venir a buscarme ayer.
4. A mí se ___me___ quedó la ropa nueva en mi casa.
5. A las tías de Ana se ___les___ rompieron los vasos.
6. A Isabel y a mí se ___nos___ dañó el auto.

4 **Los accidentes** Your classmates are very unlucky. Rewrite what happened to them, using the correct form of the verb in parentheses.

1. A Marina se le (cayó, cayeron) la bolsa.
   A Marina se le cayó la bolsa.
2. A ti se te (olvidó, olvidaron) comprarme la medicina.
   A ti se te olvidó comprarme la medicina.
3. A nosotros se nos (quedó, quedaron) los libros en el auto.
   A nosotros se nos quedaron los libros en el auto.
4. A Ramón y a Pedro se les (dañó, dañaron) la computadora.
   A Ramón y a Pedro se les dañó la computadora.

5 **Mala suerte** You and your family are trying to go on vacation, but everything is going wrong. Use the elements provided, the preterite tense, and constructions with **se** to write sentences.

modelo
(a Raquel) / olvidar / traer su pasaporte
Se le olvidó traer su pasaporte.

1. (a papá) / perder / las llaves del auto
   Se le perdieron las llaves del auto.
2. (a mis hermanos) / olvidar / ponerse las inyecciones
   Se les olvidaron ponerse las inyecciones.
3. (a ti) / caer / los papeles del médico
   Se te cayeron los papeles del médico.
4. (a Marcos) / romper / su disco compacto favorito
   Se le rompió su disco compacto favorito.
5. (a mí) / dañar / la cámara durante el viaje
   Se me dañó la cámara durante el viaje.

6 **¿Qué pasó?** As the vacation goes on, you and your family have more bad luck. Answer the questions, using the phrases in parentheses and the preterite tense.

modelo
¿Qué le pasó a Roberto? (quedar la cámara nueva en casa)
Se le quedó la cámara nueva en casa.

1. ¿Qué les pasó a mamá y a papá? (dañar el coche)
   Se les dañó el coche.
2. ¿Qué les pasó a Sara y a Raquel? (romper las gafas de sol [*sunglasses*])
   Se les rompieron las gafas de sol.
3. ¿Qué te pasó a ti? (perder las llaves del hotel)
   Se me perdieron las llaves del hotel.
4. ¿Qué les pasó a ustedes? (quedar las toallas en la playa)
   Se nos quedaron las toallas en la playa.
5. ¿Qué le pasó a Hugo? (olvidar estudiar para el examen en el avión)
   Se le olvidó estudiar para el examen en el avión.

Nombre ______________________ Fecha ______________________

Lección 1

1.4 Adverbs

1 **En mi ciudad** Complete the sentences by changing the adjectives in the first sentences into adverbs in the second.

1. Los conductores son lentos. Conducen lentamente.
2. Esa doctora es amable. Siempre nos saluda amablemente.
3. Los autobuses de mi ciudad son frecuentes. Pasan por la parada frecuentemente.
4. Rosa y Julia son chicas muy alegres. Les encanta bailar y cantar alegremente.
5. Mario y tú hablan un español perfecto. Hablan español perfectamente.
6. Los pacientes visitan al doctor de manera constante. Lo visitan constantemente.
7. Llegar tarde es normal para David. Llega tarde normalmente.
8. Me gusta trabajar de manera independiente. Trabajo independientemente.

2 **Completar** Complete the sentences with adverbs and adverbial expressions from the word bank. Do not use a term more than once.

a menudo	**así**	**por lo menos**
a tiempo	**bastante**	**pronto**
apenas	**casi**	

1. Tito no es un niño muy sano. Se enferma a menudo.
2. El doctor Garrido es muy puntual. Siempre llega al consultorio a tiempo.
3. Mi madre visita al doctor con frecuencia. Se chequea por lo menos una vez cada año.
4. Fui al doctor el año pasado. Tengo que volver pronto.
5. Llegué tarde al autobús; así que tengo que ir al centro caminando.
6. El examen fue bastante difícil.

3 **Traducir** Complete the sentences with the adverbs or adverbial phrases that correspond to the words in parentheses.

1. Llegaron temprano al concierto; así (*so*), consiguieron asientos muy buenos.
2. El accidente fue bastante (*rather*) grave, pero al conductor no se le rompió ningún hueso.
3. Irene y Vicente van a comer menos (*less*) porque quieren estar más delgados.
4. Silvia y David casí (*almost*) se cayeron de la motocicleta cerca de su casa.
5. Para aprobar (*pass*) el examen, tienes que contestar por lo menos/al menos (*at least*) el 75 por ciento de las preguntas.
6. Mi mamá a veces (*sometimes*) se tuerce el tobillo cuando camina mucho.

4 **Háblame de ti** Answer the questions using the adverbs and adverbial phrases that you learned in this lesson. Do not repeat the adverb or adverbial phrase of the question. Then, say how long it's been since you last did each activity. Answers will vary.

modelo

¿Vas a la playa siempre?

No, voy a la playa a veces. Hace cuatro meses que no voy a la playa.

1. ¿Tú y tus amigos van al cine con frecuencia?
2. ¿Comes comida china?
3. ¿Llegas tarde a tu clase de español?
4. ¿Te enfermas con frecuencia?
5. ¿Comes carne?

Síntesis

Think of a summer in which you did a lot of different things on vacation or at home. Use the preterite to state exceptional situations or activities that you did just once. Then use the imperfect tense to state the activities that you used to do during that summer; mention which of those things you still do in the present. Use adverbs to answer these questions: How often did you do those activities then? How often do you do them now? Create a "photo album" of that summer, using actual photographs if you have them, or drawings that you make. Use your writing about the summer as captions for the photo album. Answers will vary.

panorama

Costa Rica

1 **El mapa de Costa Rica** Label the map of Costa Rica.

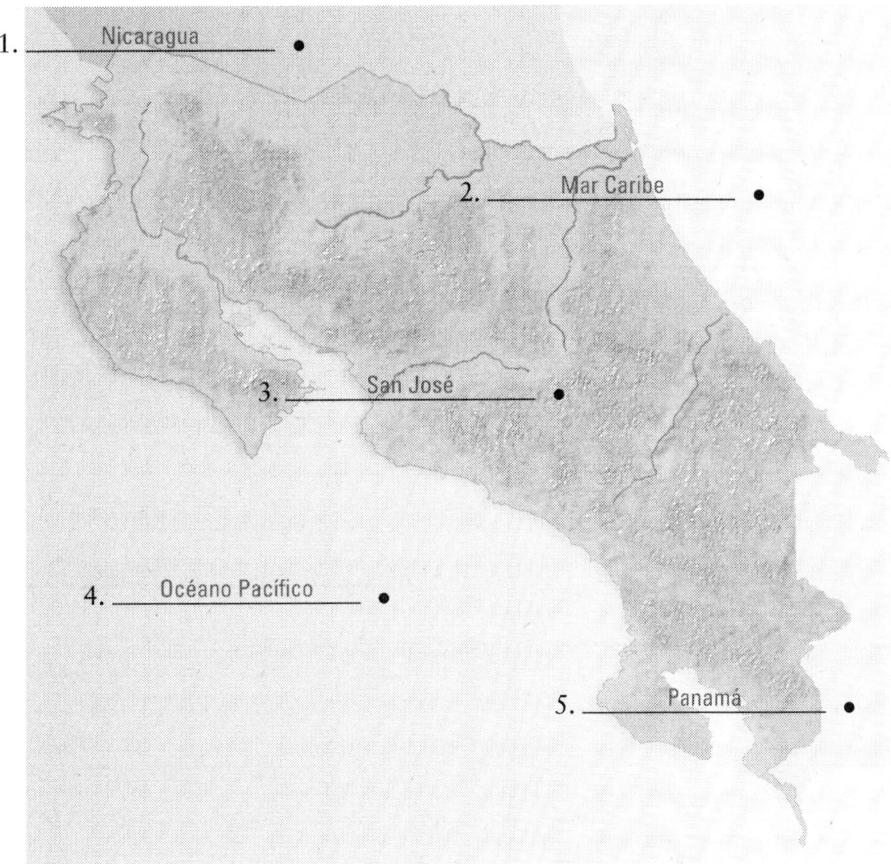

2 **¿Cierto o falso?** Indicate whether the statements are **cierto** or **falso**. Correct the false statements.

1. Los parques nacionales costarricenses se establecieron para el turismo.
   Falso. Los parques nacionales costarricenses se establecieron para la protección de la biodiversidad.
2. Costa Rica fue el primer país centroamericano en desarrollar la industria del café.
   Cierto.
3. El café representa más del 50% de las exportaciones anuales de Costa Rica.
   Falso. El café representa cerca del 15% de las exportaciones anuales de Costa Rica.
4. Costa Rica tiene un nivel de alfabetización del 96%.
   Cierto.
5. El ejército de Costa Rica es uno de los más grandes y preparados de Latinoamérica.
   Falso. Costa Rica eliminó el ejército en 1948.
6. En Costa Rica se eliminó la educación gratuita para los costarricenses.
   Falso. En 1948 Costa Rica hizo obligatoria y gratuita la educación para todos los costarricenses.

Lección 1

3 **Costa Rica** Complete the sentences with the correct words.

1. Costa Rica es el país de Centroamérica con la población más homogénea.
2. La moneda que se usa en Costa Rica es el colón costarricense.
3. Costa Rica no tiene ejército; puede invertir más dinero en la educación y las artes como resultado.
4. En el siglo XIX los costarricenses empezaron a exportar su café a Inglaterra.
5. Hoy día más de 50.000 costarricenses trabajan cultivando el/en el cultivo del café.
6. El edificio del Museo Nacional de Costa Rica es el antiguo cuartel del ejército.

4 **Datos costarricenses** Fill in the blanks with the correct information. Order of answers will vary.

En los parques nacionales de Costa Rica, los ecoturistas pueden ver:

1. cataratas
2. montañas
3. plantas exóticas
4. quetzales
5. monos
6. jaguares
7. armadillos
8. mariposas

Costa Rica es uno de los países más progresistas del mundo porque:

9. Tiene un nivel de alfabetización del 96%.
10. En 1870 eliminó la pena de muerte.
11. En 1948 eliminó el ejército.
12. En 1948 hizo obligatoria y gratuita la educación para todos los costarricenses.

5 **Completar** Use impersonal constructions with **se** to complete the sentences. Be sure to use the correct tense of the verbs in the word bank.

modelo

En Costa Rica ahora *se pone* más dinero en la educación y las artes.

comprar	establecer	eliminar	poder
empezar	invertir	ofrecer	proveer

1. En Costa Rica se compra y se vende en colones.
2. El sistema de parques nacionales se estableció para la protección de los ecosistemas.
3. En los parques, los animales se pueden ver en su hábitat natural.
4. En el siglo XIX se empezó a exportar el café costarricense.
5. En Costa Rica se ofrece educación gratuita a todos los ciudadanos.
6. En 1871 se eliminó la pena de muerte en Costa Rica.

Nombre ____________________ Fecha ____________________

contextos

Lección 2

1 **La tecnología** Fill in the blanks with the correct terms.

1. Para navegar en la red sin cables (*wires*) necesitas una conexión inalámbrica.
2. Para hacer videos de tu familia puedes usar una cámara de video.
3. Cuando vas a un sitio web, lo primero (*the first thing*) que ves es la página principal.
4. Si alguien te llama a tu celular y no respondes, te puede dejar un mensaje en el correo de voz.
5. La red de computadoras y servidores más importante del mundo es Internet.
6. Para encontrar información en la red, usas un buscador.

2 **Eso hacían** Match a subject from the word bank to each verb phrase. Then write complete sentences for the pairs using the imperfect.

muchos jóvenes estadounidenses	**el conductor del autobús**	**el mecánico de Jorge**
el carro viejo	**la impresora nueva**	**el teléfono celular**

1. manejar lentamente por la nieve
   El conductor del autobús manejaba lentamente por la nieve.
2. imprimir los documentos muy rápido
   La impresora nueva imprimía los documentos muy rápido.
3. revisarle el aceite al auto todos los meses
   El mecánico de Jorge le revisaba el aceite al auto todos los meses.
4. sonar insistentemente, pero nadie responder
   El teléfono celular sonaba insistentemente, pero nadie respondía.
5. no arrancar cuando llover
   El carro viejo no arrancaba cuando llovía.
6. navegar en Internet cuando eran niños
   Muchos jóvenes estadounidenses navegaban en Internet cuando eran niños.

3 **La computadora** Label the drawing with the correct terms.

Lección 2

Nombre ______________________ Fecha ______________________

4 **Preguntas** Answer the questions with complete sentences.

1. ¿Para qué se usa la impresora?

   La impresora se usa para imprimir.

2. ¿Para qué se usan los frenos (*brakes*) del coche?

   Los frenos del coche se usan para parar.

3. ¿Qué se usa para conducir por carreteras que no conoces?

   El navegador GPS se usa para conducir por carreteras que no conoces.

4. ¿Qué se usa para llevar el carro a la derecha o a la izquierda?

   El volante se usa para llevar el carro a la derecha o a la izquierda.

5. ¿Qué se usa para cambiar los canales del televisor?

   El control remoto se usa para cambiar los canales del televisor.

6. ¿Para qué se usa la llave del carro?

   La llave del carro se usa para arrancar.

5 **Mi primer día en la carretera** Complete the paragraph with terms from the word bank.

accidente	estacionar	policía
aceite	lento	revisar
arrancar	licencia de conducir	subir
autopista	llanta	taller mecánico
calle	lleno	tráfico
descargar	parar	velocidad máxima

Después de dos exámenes, conseguí mi (1) licencia de conducir para poder manejar legalmente por primera vez. Estaba muy emocionado cuando (2) subí al carro de mi papá. El tanque estaba (3) lleno y el (4) aceite lo revisaron el día anterior (*previous*) en el (5) taller mecánico. El carro y yo estábamos listos para (6) arrancar. Primero salí por la (7) calle en donde está mi casa. Luego llegué a un área de la ciudad donde había mucha gente y también mucho (8) tráfico. Se me olvidó (9) parar en el semáforo (*light*), que estaba amarillo, y estuve cerca de tener un (10) accidente. Sin saberlo, entré en la (11) autopista interestatal (*interstate*). La (12) velocidad máxima era de 70 millas (*miles*) por hora, pero yo estaba tan nervioso que iba mucho más (13) lento, a 10 millas por hora. Vi un carro de la (14) policía y tuve miedo. Por eso volví a casa y (15) estacioné el carro en la calle. ¡Qué aventura!

Lección 2

Nombre ______________________ Fecha ______________________

estructura

2.1 Familiar commands

1 **Cosas por hacer** Read the list of things to do. Then use familiar commands to finish the e-mail from Ana to her husband, Eduardo, about the things that he has to do before their vacation.

comprar un paquete de papel para la impresora
ir al sitio web de la agencia de viajes y pedir la información sobre nuestro hotel
imprimir la información
terminar de hacer las maletas
revisar el aceite del carro
comprobar que tenemos una llanta extra
limpiar el parabrisas
llenar el tanque de gasolina
venir a buscarme a la oficina

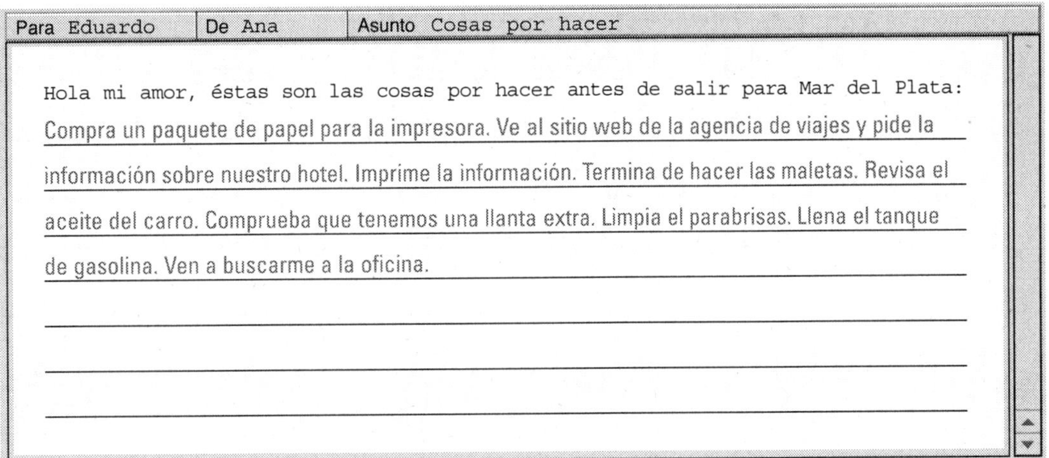
Para Eduardo | De Ana | Asunto Cosas por hacer

Hola mi amor, éstas son las cosas por hacer antes de salir para Mar del Plata:
Compra un paquete de papel para la impresora. Ve al sitio web de la agencia de viajes y pide la información sobre nuestro hotel. Imprime la información. Termina de hacer las maletas. Revisa el aceite del carro. Comprueba que tenemos una llanta extra. Limpia el parabrisas. Llena el tanque de gasolina. Ven a buscarme a la oficina.

2 **Díselo** You are feeling bossy today. Give your friends instructions based on the cues provided using familiar commands.

modelo
Ramón / comprarte un disco compacto en Mendoza
Ramón, cómprame un disco compacto en Mendoza.

1. Mario / traerte la cámara digital que le regaló Gema
   Mario, tráeme la cámara digital que te regaló Gema.
2. Natalia / escribirle un mensaje de texto a su hermana
   Natalia, escríbele un mensaje de texto a tu hermana.
3. Martín / llamarlos por teléfono celular
   Martín, llámalos por teléfono celular.
4. Gloria / hacer la cama antes de salir
   Gloria, haz la cama antes de salir.
5. Carmen / no revisar el aceite hasta la semana que viene
   Carmen, no revises el aceite hasta la semana que viene.
6. Lilia / enseñarte a manejar
   Lilia, enséñame a manejar.

Lección 2

3 **Planes para el invierno** Rewrite this paragraph from a travel website. Use familiar commands instead of the infinitives you see.

Este invierno, (decirles) adiós al frío y a la nieve. (Descubrir) una de las más grandes maravillas (*marvels*) naturales del mundo (*world*). (Ir) al Parque Nacional Iguazú en Argentina y (visitar) las hermosas cascadas. (Explorar) el parque y (mirar) las más de 400 especies de pájaros y animales que viven ahí. (Visitar) este santuario de la naturaleza en los meses de enero a marzo y (disfrutar) de una temperatura promedio de 77°F. Para unas vacaciones de aventura, (hacer) un safari por la selva (*jungle*) o (reservar) una excursión por el río Iguazú. De noche, (dormir) en uno de nuestros exclusivos hoteles en medio de la selva. (Respirar) el aire puro y (probar) la deliciosa comida de la región.

Invierno en Argentina

Este invierno, diles adiós al frío y a la nieve. Descubre una de las más grandes maravillas naturales del mundo. Ve al Parque Nacional Iguazú en Argentina y visita las hermosas cascadas. Explora el parque y mira las más de 400 especies de pájaros y animales que viven ahí. Visita este santuario de la naturaleza en los meses de enero a marzo y disfruta de una temperatura promedio de 77°F. Para unas vacaciones de aventura, haz un safari por la selva o reserva una excursión por el río Iguazú. De noche, duerme en uno de nuestros exclusivos hoteles en medio de la selva. Respira el aire puro y prueba la deliciosa comida de la región.

4 **¿Qué hago?** Clara's brother Manuel is giving her a driving lesson, and Clara has a lot of questions. Write Manuel's answers to her questions in the form of affirmative or negative familiar commands.

modelo

¿Tengo que comprar gasolina?
Sí, compra gasolina./No, no compres gasolina.

1. ¿Puedo hablar por teléfono celular con mis amigos?
   Sí, habla por teléfono celular con tus amigos./No, no hables por teléfono celular con tus amigos.
2. ¿Puedo manejar en la autopista?
   Sí, maneja en la autopista./No, no manejes en la autopista.
3. ¿Debo estacionar por aquí?
   Sí, estaciona por aquí./No, no estaciones por aquí.
4. ¿Debo sacar mi licencia de conducir?
   Sí, saca tu licencia de conducir./No, no saques tu licencia de conducir.
5. ¿Puedo bajar por esta calle?
   Sí, baja por esta calle./No, no bajes por esta calle.
6. ¿Tengo que seguir el tráfico?
   Sí, sigue el tráfico./No, no sigas el tráfico.

2.2 **Por** and **para**

1 **Para éste o por aquello** Complete the sentences with **por** or **para** as appropriate.

1. Pudieron terminar el trabajo ____por____ haber empezado (*having begun*) a tiempo.
2. Ese control remoto es ____para____ prender y apagar el televisor.
3. Elsa vivió en esa ciudad ____por____ algunos meses hace diez años.
4. Mi mamá compró esta computadora portátil ____para____ mi papá.
5. Sales ____para____ Argentina mañana a las ocho y media.
6. Rosaura cambió el estéreo ____por____ el reproductor de MP3.
7. El señor López necesita el informe ____para____ el 2 de agosto.
8. Estuve estudiando toda la noche ____para____ el examen.
9. Los turistas fueron de excursión ____por____ las montañas.
10. Mis amigos siempre me escriben ____por____ correo electrónico.

2 **Por muchas razones** Complete the sentences with the expressions in the word bank. Note that you will use two of them twice.

por aquí	por eso
por ejemplo	por fin

1. Ramón y Sara no pudieron ir a la fiesta anoche; ____por eso____ no los viste.
2. Buscaron el vestido perfecto por mucho tiempo, y ____por fin____ lo encontraron en esa tienda.
3. Creo que va a ser difícil encontrar un teclado y un monitor ____por aquí____.
4. Pídele ayuda a uno de tus amigos, ____por ejemplo____, Miguel, Carlos o Francisco.
5. Miguel y David no saben si podemos pasar ____por aquí____ en bicicleta.
6. El monitor no está conectado, ____por eso____ no funciona.

3 **Por y para** Complete the sentences with **por** or **para**.

1. Fui a comprar frutas ____por____ (*instead of*) mi madre.
2. Fui a comprar frutas ____para____ (*to give to*) mi madre.
3. Rita le dio dinero ____para____ (*in order to buy*) la computadora portátil.
4. Rita le dio dinero ____por____ (*in exchange for*) la computadora portátil.
5. La familia los llevó ____por____ (*through*) los Andes.
6. La familia los llevó ____para____ (*to*) los Andes.

Lección 2

Nombre ______________________ Fecha ______________________

4 **Escribir oraciones** Write sentences in the preterite, using the elements provided and **por** or **para**.

modelo

(tú) / salir en el auto / ¿? / Córdoba
Saliste en el auto para Córdoba.

1. Ricardo y Emilia / traer un pastel / ¿? / su prima
   Ricardo y Emilia trajeron un pastel para su prima.
2. los turistas / llegar a las ruinas / ¿? / barco
   Los turistas llegaron a las ruinas por barco.
3. (yo) / tener un resfriado / ¿? / el frío
   Tuve un resfriado por el frío.
4. mis amigas / ganar dinero / ¿? / viajar a Suramérica
   Mis amigas ganaron dinero para viajar a Suramérica.
5. ustedes / buscar a Teresa / ¿? / toda la playa
   Ustedes buscaron a Teresa por toda la playa.
6. el avión / salir a las doce / ¿? / Buenos Aires
   El avión salió a las doce para Buenos Aires.

5 **Para Silvia** Complete the paragraph with **por** and **para**.

Fui a la agencia de viajes porque quería ir (1) ___para___ Mendoza (2) ___para___ visitar a mi novia, Silvia. Entré (3) ___por___ la puerta y Marta, la agente de viajes, me dijo: "¡Tengo una oferta excelente (4) ___para___ ti!". Me explicó que podía viajar en avión (5) ___para___ Buenos Aires (6) ___por___ seiscientos dólares. Podía salir un día de semana, (7) ___por___ ejemplo lunes o martes. Me podía quedar en un hotel en Buenos Aires (8) ___por___ quince dólares (9) ___por___ noche. Luego viajaría (10) ___por___ tren a Mendoza (11) ___para___ encontrarme con Silvia. "Debes comprar el pasaje (12) ___para___ el fin de mes", me recomendó Marta. Fue la oferta perfecta (13) ___para___ mí. Llegué a Mendoza y Silvia fue a la estación (14) ___por___ mí. Llevé unas flores (15) ___para___ ella. Estuve en Mendoza (16) ___por___ un mes y (17) ___por___ fin Silvia y yo nos comprometimos. Estoy loco (18) ___por___ ella.

Lección 2

Nombre ______________________ Fecha ______________________

2.3 Reciprocal reflexives

1 **Se conocen** Complete the sentences with the reciprocal reflexives of the verbs in parentheses. Use the present tense.

1. Andrea y Daniel ___se ven___ (ver) todos los días.
2. Los amigos ___se encuentran___ (encontrar) en el centro de la ciudad.
3. El padre y la madre de Lisa ___se quieren___ (querer) mucho.
4. Javier y yo ___nos saludamos___ (saludar) por las mañanas.
5. Los compañeros de clase ___se ayudan___ (ayudar) con las tareas.
6. Paula y su mamá ___se llaman___ (llamar) por teléfono todos los días.

2 **Nos vemos** Complete the sentences with the reciprocal reflexives of the verbs in the word bank.

abrazar	besar	escribir	mirar	saludar
ayudar	encontrar	llamar	querer	ver

1. Cuando los estudiantes llegan a clase, todos ___se saludan___.
2. Hace seis meses que Ricardo no ve a su padre. Cuando se ven, ___se abrazan___.
3. Los buenos amigos ___se ayudan___ cuando tienen problemas.
4. Es el final de la boda. El novio y la novia ___se besan___.
5. Mi novia y yo nos vamos a casar porque ___nos queremos___ mucho.
6. Irene y Vicente ___se escriben___ muchos mensajes electrónicos cuando no se ven.
7. Hablo todos los días con mi hermana. Nosotras ___nos llamamos___ todos los días.
8. Cuando Sandra sale a comer con sus amigas, ellas ___se encuentran___ en el restaurante.

3 **Así fue** Write sentences from the elements provided. Use reciprocal reflexives and the preterite of the verbs.

1. ayer / Felipe y Lola / enviar / mensajes por correo electrónico

   Ayer Felipe y Lola se enviaron mensajes por correo electrónico.

2. Raúl y yo / encontrar / en el centro de computación

   Raúl y yo nos encontramos en el centro de computación.

3. mis abuelos / querer / mucho toda la vida

   Mis abuelos se quisieron mucho toda la vida.

4. los protagonistas de la película / abrazar y besar / al final

   Los protagonistas de la película se abrazaron y se besaron al final.

5. esos hermanos / ayudar / a conseguir trabajo

   Esos hermanos se ayudaron a conseguir trabajo.

Lección 2

4 **Noticias (*News*) de Alma** Read the letter from Alma, then complete the sentences about the letter with reciprocal reflexive forms of the correct verbs.

Querida Claudia:

Conocí a Manolo el mes pasado en Buenos Aires. Desde el día en que lo conocí, lo veo todos los días. Cuando salgo de la universidad me encuentro con él en algún lugar de la ciudad. Nuestro primer beso fue en el parque. Anoche Manolo me dijo que me quiere a mí y yo le dije que lo quiero mucho a él. Siempre nos ayudamos con las tareas de la universidad. Llamo mucho a mi hermana y ella me llama a mí para hablar de nuestras cosas. Mi hermana me entiende muy bien y viceversa.

Hasta luego,

Alma

1. Manolo y Alma ___se conocieron___ el mes pasado en Buenos Aires.
2. Ellos ___se ven___ todos los días desde que se conocieron.
3. Manolo y Alma ___se encuentran___ después de clase en algún lugar de la ciudad.
4. La primera vez que ___se besaron___, Manolo y Alma estaban en el parque.
5. Anoche Manolo y Alma ___se dijeron___ que se quieren mucho.
6. Manolo y Alma siempre ___se ayudan___ con las tareas de la universidad.
7. Alma y su hermana ___se llaman___ mucho para hablar de sus cosas.
8. Alma y su hermana ___se entienden___ muy bien.

5 **Completar** Complete each pair of sentences with the preterite of the verbs in parentheses. Use the reciprocal reflexive verb in only one sentence in each pair.

(conocer)

1. Ricardo y Juan ___conocieron___ a Cristina el año pasado.
2. Los González ___se conocieron___ en un viaje por Europa.

(saludar)

3. Los chicos ___se saludaron___ cuando llegaron al restaurante.
4. La camarera ___saludó___ a los chicos cuando les trajo el menú.

(ayudar)

5. Las enfermeras ___ayudaron___ al paciente a levantarse.
6. Los niños ___se ayudaron___ para terminar la tarea más temprano.

(ver)

7. Los mecánicos ___vieron___ los coches descompuestos.
8. El profesor y los estudiantes ___se vieron___ por primera vez en clase.

Nombre ______________ Fecha ______________

2.4 Stressed possessive adjectives and pronouns

1 **Esas cosas tuyas** Fill in the blanks with the possessive adjectives as indicated.

1. Ana nos quiere mostrar unas fotos suyas (*of hers*).
2. A Lorena le encanta la ropa nuestra (*of ours*).
3. Los turistas traen las toallas suyas (*of theirs*).
4. El mecánico te muestra unos autos suyos (*of his*).
5. El sitio web suyo (*of his*) es espectacular.
6. ¿Quieres probar el programa de computación nuestro (*of ours*)?
7. Roberto prefiere usar la computadora mía (*of mine*).
8. Ese ratón tuyo (*of yours*) es el más moderno que existe.

2 **¿De quién es?** Complete the sentences with possessive adjectives.

1. Ésa es mi computadora. Es la computadora mía.
2. Vamos a ver su sitio web. Vamos a ver el sitio web suyo.
3. Aquéllos son mis archivos. Son los archivos míos.
4. Quiero usar el programa de él. Quiero usar el programa suyo.
5. Buscamos la impresora de nosotros. Buscamos la impresora nuestra.
6. Ésos son los discos compactos de ella. Son los discos compactos suyos.
7. Tienen que arreglar tu teclado. Tienen que arreglar el teclado tuyo.
8. Voy a usar el teléfono celular de ustedes. Voy a usar el teléfono celular suyo.

3 **Los suyos** Answer the questions. Follow the model.

modelo
¿Vas a llevar tu cámara de video?
Sí, voy a llevar la mía.

1. ¿Prefieres usar tu cámara digital? Sí, prefiero usar la mía.
2. ¿Quieres usar nuestra conexión inalámbrica? Sí, quiero usar la suya/la nuestra.
3. ¿Guardaste mis archivos? Sí, guardé los tuyos.
4. ¿Llenaste el tanque de su carro? Sí, llené el suyo.
5. ¿Manejó Sonia nuestro carro? Sí, manejó el nuestro/el suyo.
6. ¿Vas a comprar mi televisor? Sí, voy a comprar el tuyo.
7. ¿Rompiste la pantalla táctil de ellos? Sí, rompí la suya.
8. ¿Escribiste tu blog de viajes? Sí, escribí el mío.

4 **¿De quién son?** Replace the question with one using **de** to clarify the possession. Then answer the question affirmatively, using a possessive pronoun.

modelo

¿Es suyo el teléfono celular? (de ella)
¿Es de ella el teléfono celular? Sí, es suyo.

1. ¿Son suyas las gafas? (de usted)
   ¿Son de usted las gafas? Sí, son mías.
2. ¿Es suyo el estéreo? (de Joaquín)
   ¿Es de Joaquín el estéreo? Sí, es suyo.
3. ¿Es suya la impresora? (de ellos)
   ¿Es de ellos la impresora? Sí, es suya.
4. ¿Son suyos esos reproductores de DVD? (de Susana)
   ¿Son de Susana esos reproductores de DVD? Sí, son suyos.
5. ¿Es suyo el coche? (de tu mamá)
   ¿Es de tu mamá el coche? Sí, es suyo.
6. ¿Son suyas estas cámaras de video? (de ustedes)
   ¿Son de ustedes estas cámaras de video? Sí, son nuestras.

Síntesis

Tell the story of a romantic couple you know. Use reciprocal reflexive forms of verbs to tell what happened between them and when. Use stressed possessive adjectives and pronouns as needed to talk about their families and their difficulties. Use familiar commands to give examples of advice you give to each member of the couple on important issues. Answers will vary.

Nombre ______________________ Fecha ______________________

panorama

Argentina

1 **Argentina** Fill in the blanks with the correct terms.

1. La ciudad de Buenos Aires se conoce como el "París de Suramérica".
2. Se dice que Argentina es el país más europeo de toda Latinoamérica.
3. Después de 1880, muchos inmigrantes se establecieron en Argentina.
4. Los sonidos y ritmos del tango tienen raíces africanas, italianas y españolas.
5. A los habitantes de Buenos Aires se les llama porteños.
6. El nombre de la Avenida 9 de Julio conmemora la independencia de Argentina.

2 **Palabras desordenadas** Unscramble the words about Argentina, using the clues.

1. DMAEZON Mendoza
(una de las principales ciudades argentinas)
2. ESEDREMC Mercedes
(nombre de una cantante argentina)
3. GAIOATNAP Patagonia
(región fría que está en la parte sur (*south*) de Argentina)
4. INTAOLIA italiano
(origen de muchos inmigrantes en Argentina)
5. OTÑSOERP porteños
(personas de Buenos Aires)
6. TOORVPOAVCI provocativo
(una característica del baile del tango en un principio)

3 **Datos argentinos** Fill in the blanks with the aspects of Argentina described.

1. saxofonista argentino Leandro "Gato" Barbieri
2. las tres mayores ciudades de Argentina Buenos Aires, Córdoba y Rosario
3. países de origen de muchos inmigrantes argentinos Italia, Alemania, España e Inglaterra
4. escritor argentino célebre Jorge Luis Borges
5. países que comparten las cataratas del Iguazú Argentina, Paraguay y Brasil
6. primera dama argentina; nació en 1919 Evita Perón/María Eva Duarte de Perón

Lección 2

4 **Fotos de Argentina** Label the photographs from Argentina.

1. el tango

2. las cataratas de Iguazú

5 **¿Cierto o falso?** Indicate whether the statements are **cierto** or **falso**. Correct the false statements.

1. Argentina es el país más grande del mundo.
   Falso. Argentina es el país de habla hispana más grande del mundo.
2. La Avenida 9 de Julio en Buenos Aires es una de las calles más anchas del mundo.
   Cierto.
3. Los idiomas que se hablan en Argentina son el español y el inglés.
   Falso. Los idiomas que se hablan en Argentina son el español y lenguas indígenas.
4. Los inmigrantes que llegaron a Argentina eran principalmente de Europa.
   Cierto.
5. El tango es un género musical con raíces indígenas y africanas.
   Falso. El tango es un género musical con raíces africanas, italianas y españolas.
6. Las cataratas del Iguazú están cerca de la confluencia de los ríos Iguazú y Paraná.
   Cierto.

Lección 2

6 **Preguntas argentinas** Answer the questions with complete sentences. Answers will vary.

1. ¿Por qué se conoce a Buenos Aires como el "París de Suramérica"?
   Buenos Aires se conoce como el "París de Suramérica" por su estilo parisino.
2. ¿Quién fue la primera dama de Argentina hasta 1952?
   La primera dama de Argentina hasta 1952 fue María Eva Duarte de Perón/Evita Perón.
3. ¿Qué dejaron las diferentes culturas de los inmigrantes en Argentina?
   Las diferentes culturas de los inmigrantes dejaron una huella profunda en la música, el cine y la arquitectura de Argentina.
4. ¿Cómo cambió el baile del tango desde su origen hasta los años 30?
   En un principio, el tango era un baile provocativo y violento, pero se hizo más romántico durante los años 30.

Nombre ______________________ Fecha ______________________

contextos

Lección 3

1 Los aparatos domésticos Answer the questions with complete sentences.

modelo

Julieta quiere comer pan tostado. ¿Qué tiene que usar Julieta?
Julieta tiene que usar una tostadora.

1. La ropa de Joaquín está sucia. ¿Qué necesita Joaquín?
   Joaquín necesita una lavadora.
2. Clara lavó la ropa. ¿Qué necesita Clara ahora?
   Clara necesita una secadora ahora.
3. Los platos de la cena están sucios. ¿Qué se necesita?
   Se necesita un lavaplatos.
4. Rita quiere hacer hielo (*ice*). ¿Dónde debe poner el agua?
   Rita debe poner el agua en el congelador.

2 ¿En qué habitación? Label these items as belonging to **la cocina**, **la sala**, or **el dormitorio**.

1. el lavaplatos la cocina
2. el sillón la sala/el dormitorio
3. la cama el dormitorio
4. el horno la cocina
5. la almohada el dormitorio
6. la cafetera la cocina
7. la mesita de noche el dormitorio
8. la cómoda el dormitorio

3 ¿Qué hacían? Complete the sentences, describing the domestic activity in each drawing. Use the imperfect tense.

1. Ramón sacaba la basura.

2. Rebeca hacía la cama.

3. Mi tío Juan pasaba la aspiradora.

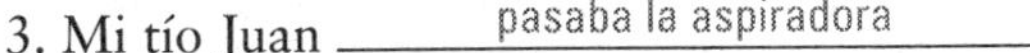

4. Isabel sacudía los muebles.

Lección 3

Nombre ______________________ Fecha ______________________

4

Una es diferente Fill in the blank with the word that doesn't belong in each group.

1. sala, plato, copa, vaso, taza ___sala___
2. cuchillo, altillo, plato, copa, tenedor ___altillo___
3. cocina, balcón, patio, jardín, garaje ___cocina___
4. cartel, estante, pintura, lavadora, cuadro ___lavadora___
5. dormitorio, sala, comedor, cafetera, oficina ___cafetera___
6. lavadora, escalera, secadora, lavaplatos, tostadora ___escalera___

5

Crucigrama Complete the crossword puzzle.

Horizontales

4. El hombre que vive al lado de tu casa.
5. Julieta habló con Romeo desde su ________.
6. sillón, mesa, cama o silla
8. Lo que prendes cuando necesitas luz.
10. Lo que se usa para tomar vino.
11. Usas estas cosas para tomar agua o soda.
14. Lo que usas cuando hace frío de noche.

Verticales

1. Lo que usas para ir de un piso a otro.
2. Obras (*works*) de Picasso, de Goya, etc.
3. pagar dinero cada mes por vivir en un lugar
7. __________ de microondas
9. Si vas a vivir en otro lugar, vas a ________.
12. Donde se pueden sentar tres o cuatro personas.
13. Lo que usas para tomar el café.

Lección 3

Nombre _______________ Fecha _______________

estructura

3.1 Relative pronouns

1 **Relativamente** Complete the sentences with **que**, **quien**, or **quienes**.

1. La persona a ___quien___ debes conocer es Marta.
2. El restaurante ___que___ más me gusta es Il Forno.
3. Los amigos a ___quienes___ fue a visitar son Ana y Antonio.
4. Doña María, ___quien/que___ me cuidaba cuando yo era niña, vino a verme.
5. El estudiante ___que___ mejor conozco de la clase es Gustavo.
6. La habitación ___que___ tiene las paredes azules es la tuya.
7. Los primos con ___quienes___ mejor me llevo son Pedro y Natalia.
8. El profesor ___que___ sabe la respuesta está en la biblioteca ahora.

2 **Conversación telefónica** You're talking on the phone with your mother, who wants to catch up on everything in your life. Answer her questions using the words in parentheses.

modelo
¿Qué es lo que tienes en el altillo? (un álbum de fotos)
Lo que tengo en el altillo es un álbum de fotos.

1. ¿Qué es lo que preparas en la cocina? (el almuerzo)
   Lo que preparo en la cocina es el almuerzo.
2. ¿Qué es lo que buscas en el estante? (mi libro favorito)
   Lo que busco en el estante es mi libro favorito.
3. ¿Qué es lo que te gusta hacer en verano? (ir al campo)
   Lo que me gusta hacer en verano es ir al campo.
4. ¿Qué es lo que vas a poner en el balcón? (un sofá)
   Lo que voy a poner en el balcón es un sofá.
5. ¿Qué es lo que tienes en el armario? (mucha ropa)
   Lo que tengo en el armario es mucha ropa.
6. ¿Qué es lo que le vas a regalar a tu hermana? (una cafetera)
   Lo que le voy a regalar/voy a regalarle a mi hermana es una cafetera.

3 **¿Que o lo que?** Complete the sentences with **que** or **lo que**.

1. El pastel de cumpleaños ___que___ me trajo mi abuela estuvo delicioso.
2. ___Lo que___ más les gusta a Pedro y a Andrés es jugar al baloncesto.
3. Miguel perdió las llaves, ___lo que___ le hizo llegar tarde al dentista.
4. Ricardo y Ester querían los muebles ___que___ vieron en la tienda.

4 **Pronombres relativos** Complete the sentences with **que**, **quien**, **quienes**, or **lo que**.

1. Los vecinos ___que___ viven frente a mi casa son muy simpáticos.
2. Rosa y Pepe viajan mucho, ___lo que___ los expone a muchas culturas.
3. Las amigas con ___quienes___ estudias a menudo son de varios países.
4. El apartamento ___que___ Rebeca y Jorge alquilaron está cerca del centro.
5. Adrián y Daniel, ___que/quienes___ estudian física, son expertos en computación.
6. Rubén debe pedirle la aspiradora a Marcos, a ___quien___ le regalaron una.

5 **Mi prima Natalia** Complete the paragraph with **que**, **quien**, **quienes**, or **lo que**.

Natalia, (1) ___que/quien___ es mi prima, tiene un problema. Natalia es la prima (2) ___que___ más quiero de todas las que tengo. (3) ___Lo que___ le pasa a Natalia es que siempre está muy ocupada. Su novio, a (4) ___quien___ conoció hace dos años, quiere pasar más tiempo con ella. La clase (5) ___que___ más le gusta a Natalia es la clase de francés. Natalia, (6) ___que/quien___ ya habla inglés y español, quiere aprender el francés muy bien. Tiene dos amigos franceses con (7) ___quienes___ practica el idioma. Natalia también está en el equipo de natación, (8) ___lo que___ le toma dos horas todas las mañanas. Las otras nadadoras (9) ___que___ están en el equipo la necesitan siempre en las prácticas. Además, a Natalia le gusta visitar a sus abuelos, a (10) ___quienes___ ve casi todos los fines de semana. También ve con frecuencia a los parientes y amigos (11) ___que___ viven en su ciudad. ¡Este verano (12) ___lo que___ Natalia necesita son unas vacaciones!

6 **Lo que me parece** Rewrite each sentence using **lo que**.

modelo
A mí me gusta comer en restaurantes.
Lo que a mí me gusta es comer en restaurantes.

1. Raúl dijo una mentira.
   Lo que Raúl dijo fue una mentira.
2. Conseguiste enojar a Victoria.
   Lo que conseguiste fue enojar a Victoria.
3. Lilia va a comprar una falda.
   Lo que Lilia va a comprar es una falda.
4. Ellos preparan una sorpresa.
   Lo que ellos preparan es una sorpresa.
5. A Teo y a mí nos gusta la nieve.
   Lo que a Teo y a mí nos gusta es la nieve.

Nombre ______________________ Fecha ______________________

3.2 Formal (**usted/ustedes**) commands

1 **Háganlo así** Complete the commands, using the verbs in parentheses.

Usted

1. (lavar) Lave la ropa con el nuevo detergente.
2. (salir) Salga de su casa y disfrute del aire libre.
3. (decir) Diga todo lo que piensa hacer hoy.
4. (beber) No beba demasiado café por la mañana.
5. (venir) Venga preparado para pasarlo bien.
6. (irse) No se vaya sin probar la langosta de Maine.

Ustedes

7. (comer) No coman con la boca abierta.
8. (oír) Oigan música clásica en casa.
9. (poner) No pongan los codos (*elbows*) en la mesa.
10. (traer) Traigan un regalo a la fiesta de cumpleaños.
11. (ver) Vean programas de televisión educativos.
12. (conducir) Conduzcan con precaución (*caution*) por la ciudad.

2 **Por favor** Give instructions to the person cleaning a house by changing the verb phrases into formal commands.

modelo

sacudir el estante

Sacuda el estante, por favor.

1. primero, pasar la aspiradora

   Primero, pase la aspiradora, por favor.

2. arreglar la sala

   Arregle la sala, por favor.

3. barrer el sótano

   Barra el sótano, por favor.

4. lavar la cafetera

   Lave la cafetera, por favor.

5. no ensuciar el piso de la cocina

   No ensucie el piso de la cocina, por favor.

Lección 3

Nombre ____________________ Fecha ____________________

3 **Para emergencias** Rewrite this hotel's emergency instructions, replacing each **debe** + (*infinitive*) with formal commands.

Querido huésped:

Debe leer estas instrucciones para casos de emergencia. Si ocurre (*occurs*) una emergencia, debe tocar la puerta antes de abrirla. Si la puerta no está caliente, debe salir de la habitación con cuidado (*carefully*). Al salir, debe doblar a la derecha por el pasillo y debe bajar por la escalera de emergencia. Debe mantener la calma y debe caminar lentamente. No debe usar el ascensor durante una emergencia. Debe dejar su equipaje en la habitación en caso de emergencia. Al llegar a la planta baja, debe salir al patio o a la calle. Luego debe pedir ayuda a un empleado del hotel.

Querido huésped:

Lea estas instrucciones para casos de emergencia. Si ocurre una emergencia, toque la puerta antes de abrirla. Si la puerta no está caliente, salga de la habitación con cuidado. Al salir, doble a la derecha por el pasillo y baje por la escalera de emergencia. Mantenga la calma y camine lentamente. No use el ascensor durante una emergencia. Deje su equipaje en la habitación en caso de emergencia. Al llegar a la planta baja, salga al patio o a la calle. Luego pida ayuda a un empleado del hotel.

4 **Lo opuesto** Change each command to express the opposite sentiment.

modelo

Recéteselo a mi hija.
No se lo recete a mi hija.

1. Siéntense en la cama. No se sienten en la cama.
2. No lo limpie ahora. Límpielo ahora.
3. Lávenmelas mañana. No me las laven mañana.
4. No nos los sirvan. Sírvanoslos.
5. Sacúdalas antes de ponerlas. No las sacuda antes de ponerlas.
6. No se las busquen. Búsquenselas.
7. Despiértenlo a las ocho. No lo despierten a las ocho.
8. Cámbiesela por otra. No se la cambie por otra.
9. Pídanselos a Martín. No se los pidan a Martín.
10. No se lo digan hoy. Díganselo hoy.

Lección 3

Nombre ______________________ Fecha ______________________

3.3 The present subjunctive

1 **Oraciones** Complete the sentences with the present subjunctive of the verb in parentheses.

1. Es bueno que ustedes ___coman___ (comer) frutas, verduras y yogures.
2. Es importante que Laura y yo ___estudiemos___ (estudiar) para el examen de física.
3. Es urgente que el doctor te ___mire___ (mirar) la rodilla y la pierna.
4. Es malo que los niños no ___lean___ (leer) mucho de pequeños (*when they are little*).
5. Es mejor que (tú) les ___escribas___ (escribir) un mensaje antes de llamarlos.
6. Es necesario que (yo) ___pase___ (pasar) por la casa de Mario por la mañana.

2 **El verbo correcto** Complete the sentences with the present subjunctive of the verbs from the word bank.

almorzar	**hacer**	**oír**	**poner**	**traducir**	**venir**
conducir	**ofrecer**	**parecer**	**sacar**	**traer**	**ver**

1. Es necesario que (yo) ___venga___ a casa temprano para ayudar a mi mamá.
2. Es bueno que (nuestro colegio) ___ofrezca___ muchos cursos avanzados.
3. Es malo que (ellos) ___almuercen___ justo antes de ir a nadar a la piscina.
4. Es urgente que (Lara) ___traduzca___ estos documentos legales.
5. Es mejor que (tú) ___conduzcas___ más lento para evitar (*avoid*) accidentes.
6. Es importante que (ella) no ___ponga___ la cafetera en la mesa.
7. Es bueno que (tú) ___traigas___ las fotos para verlas en la fiesta.
8. Es necesario que (él) ___vea___ la casa antes de comprarla.
9. Es malo que (nosotros) no ___saquemos___ la basura todas las noches.
10. Es importante que (ustedes) ___hagan___ los quehaceres domésticos.

3 **Opiniones** Rewrite these sentences using the present subjunctive of the verbs in parentheses.

1. Mi padre dice que es importante que yo (estar) contenta con mi trabajo.
   Mi padre dice que es importante que yo esté contenta con mi trabajo.
2. Rosario cree que es bueno que la gente (irse) de vacaciones más a menudo.
   Rosario cree que es bueno que la gente se vaya de vacaciones más a menudo.
3. Creo que es mejor que Elsa (ser) la encargada del proyecto.
   Creo que es mejor que Elsa sea la encargada del proyecto.
4. Es importante que les (dar) las gracias por el favor que te hicieron.
   Es importante que les des las gracias por el favor que te hicieron.
5. Él piensa que es malo que muchos estudiantes no (saber) otras lenguas.
   Él piensa que es malo que muchos estudiantes no sepan otras lenguas.
6. El director dice que es necesario que (haber) una reunión de la facultad.
   El director dice que es necesario que haya una reunión de la facultad.

Nombre ______ Fecha ______

4 **Es necesario** Write sentences using the elements provided and the present subjunctive of the verbs.

modelo

malo / Roberto / no poder / irse de vacaciones

Es malo que Roberto no pueda irse de vacaciones.

1. importante / Nora / pensar / las cosas antes de tomar una decisión

   Es importante que Nora piense las cosas antes de tomar una decisión.

2. necesario / (tú) / entender / la situación de esas personas

   Es necesario que entiendas la situación de esas personas.

3. bueno / Clara / sentirse / cómoda en el apartamento nuevo

   Es bueno que Clara se sienta cómoda en el apartamento nuevo.

4. urgente / mi madre / mostrarme / los papeles que llegaron

   Es urgente que mi madre me muestre los papeles que llegaron.

5. mejor / David / dormir / un poco antes de salir

   Es mejor que David duerma un poco antes de salir.

6. malo / los niños / pedirles / tantos regalos a sus abuelos

   Es malo que los niños les pidan tantos regalos a sus abuelos.

5 **Sí, es bueno** Answer the questions using the words in parentheses and the present subjunctive.

modelo

¿Tiene Álex que terminar ese trabajo hoy? (urgente)

Sí, es urgente que Álex termine ese trabajo hoy.

1. ¿Debemos traer el pasaporte al aeropuerto? (necesario)

   Sí, es necesario que traigan el pasaporte al aeropuerto./Sí, es necesario que traigamos el pasaporte al aeropuerto.

2. ¿Tienes que hablar con don Mario? (urgente)

   Sí, es urgente que hable con don Mario.

3. ¿Debe David ir a visitar a su abuela todas las semanas? (bueno)

   Sí, es bueno que David vaya a visitar a su abuela todas las semanas.

4. ¿Puede Mariana llamar a Isabel para darle las gracias? (importante)

   Sí, es importante que Mariana llame a Isabel para darle las gracias.

5. ¿Va Andrés a saber lo que le van a preguntar en el examen? (mejor)

   Sí, es mejor que Andrés sepa lo que le van a preguntar en el examen.

Nombre ______ Fecha ______

3.4 Subjunctive with verbs of will and influence

1 **Preferencias** Complete the sentences with the present subjunctive of the verbs in parentheses.

1. Rosa quiere que tú escojas (escoger) el sofá para la sala.
2. La mamá de Susana prefiere que ella estudie (estudiar) medicina.
3. Miranda insiste en que Luisa sea (ser) la candidata a vicepresidenta.
4. Rita y yo deseamos que nuestros padres viajen (viajar) a Panamá.
5. A Eduardo no le importa que nosotros salgamos (salir) esta noche.
6. La agente de viajes nos recomienda que nos quedemos (quedarnos) en ese hotel.

2 **Compra una casa** Read the following suggestions for buying a house. Then write a note to a friend, repeating the advice and using the present subjunctive of the verbs.

Antes de comprar una casa:

- Se aconseja tener un agente inmobiliario (*real estate*).
- Se sugiere buscar una casa en un barrio seguro (*safe*).
- Se insiste en mirar los baños, la cocina y el sótano.
- Se recomienda comparar precios de varias casas antes de decidir.
- Se aconseja hablar con los vecinos del barrio.

Te aconsejo que tengas un agente inmobiliario. Te sugiero que busques una casa en un barrio seguro. Te insisto en que mires los baños, la cocina y el sótano. Te recomiendo que compares los precios de varias casas antes de decidir. Te aconsejo que hables con los vecinos del barrio.

3 **Instrucciones** Write sentences using the elements provided and the present subjunctive. Replace the indirect objects with indirect object pronouns.

modelo
(a ti) / Simón / sugerir / terminar la tarea luego
Simón te sugiere que termines la tarea luego.

1. (a Daniela) / José / rogar / escribir esa carta de recomendación
   José le ruega que escriba esa carta de recomendación.
2. (a ustedes) / (yo) / aconsejar / vivir en las afueras de la ciudad
   Les aconsejo que vivan en las afueras de la ciudad.
3. (a ellos) / la directora / prohibir / estacionar frente a la escuela
   La directora les prohíbe que estacionen frente a la escuela.
4. (a mí) / (tú) / sugerir / alquilar un apartamento en el barrio
   Me sugieres que alquile un apartamento en el barrio.

Lección 3

4 **¿Subjuntivo o infinitivo?** Write sentences using the elements provided. Use the subjunctive of the verbs when required.

1. Marina / querer / yo / traer / la pintura a casa

   Me sugieres que alquile un apartamento en el barrio.

2. Sonia y yo / preferir / buscar / la información en Internet

   Sonia y yo preferimos buscar la información en Internet.

3. el profesor / desear / nosotros / usar / el diccionario

   El profesor desea que nosotros usemos el diccionario.

4. ustedes / necesitar / escribir / una carta al consulado

   Ustedes necesitan escribir una carta al consulado.

5. (yo) / preferir / Manuel / ir / al apartamento por mí

   Prefiero que Manuel vaya al apartamento por mí.

6. Ramón / insistir en / buscar / las alfombras de la casa

   Ramón insiste en buscar las alfombras de la casa.

Síntesis

Imagine that you are going away for the weekend and you are letting some of your friends stay in your house. Write instructions for your houseguests asking them how to take care of the house. Use formal commands, the phrases **es bueno**, **es mejor**, **es importante**, **es necesario**, and **es malo**, and the verbs **aconsejar**, **pedir**, **necesitar**, **prohibir**, **recomendar**, **rogar**, and **sugerir** to describe how to make sure that your house is in perfect shape when you get home. Answers will vary.

Nombre ______________________ Fecha ______________________

panorama

Panamá

1 **Datos panameños** Complete the sentences with the correct information.

1. Rubén Blades es un músico y político célebre de Panamá.
2. Una de las principales fuentes de ingresos de Panamá es el Canal de Panamá.
3. Las molas son una forma de arte textil de la tribu indígena kuna.
4. Algunos diseños de las molas se inspiran en las formas del coral.

2 **Relativamente** Rewrite each pair of sentences as one sentence. Use relative pronouns to combine the sentences.

modelo

La Ciudad de Panamá es la capital de Panamá. Tiene más de un millón de habitantes.
La Ciudad de Panamá, que tiene más de un millón de habitantes, es la capital de Panamá.

1. La moneda de Panamá es equivalente al dólar estadounidense. Se llama el balboa.

   La moneda de Panamá, que se llama el balboa, es equivalente al dólar estadounidense.
2. El Canal de Panamá se empezó a construir en 1903. Éste une los océanos Atlántico y Pacífico.

   El Canal de Panamá, que une los océanos Atlántico y Pacífico, se empezó a construir en 1903.
3. La tribu indígena de los kuna vive principalmente en las islas San Blas. Ellos hacen molas.

   La tribu indígena de los kuna, que hace molas, vive principalmente en las islas San Blas.
4. Panamá es un sitio excelente para el buceo. Panamá significa "lugar de muchos peces".

   Panamá, que significa "lugar de muchos peces", es un sitio excelente para el buceo.

3 **Geografía panameña** Fill in the blanks with the correct geographical name.

1. la capital de Panamá la Ciudad de Panamá
2. ciudades principales de Panamá la Ciudad de Panamá, Colón y David
3. países que limitan (*border*) con Panamá Costa Rica y Colombia
4. mar al norte (*north*) de Panamá el mar Caribe
5. océano al sur (*south*) de Panamá el océano Pacífico
6. por donde pasan más de 14.000 buques por año el Canal de Panamá
7. en donde vive la tribu indígena de los kuna las islas San Blas
8. parque donde se protege la fauna marina Parque Nacional Marino Isla Bastimentos

4 **Viaje a Panamá** Complete the phrases with the correct information. Then write a paragraph of a tourist brochure about Panama. Use formal commands in the paragraph. The first sentence is done for you.

1. viajar en avión a la Ciudad de Panamá, capital de Panamá
2. visitar el país centroamericano, donde circulan los billetes de dólar estadounidense
3. conocer a los panameños; la lengua natal del 14% de ellos es el inglés
4. ir al Canal de Panamá, que une los océanos Atlántico y Pacífico
5. ver las molas que hace la tribu indígena kuna y decorar la casa con ellas
6. bucear en las playas de gran valor ecológico por la riqueza y diversidad de su vida marina

Viaje en avión a la Ciudad de Panamá, capital de Panamá. Visite el país centroamericano, donde circulan los billetes de dólar estadounidense. Conozca a los panameños; la lengua natal del 14% de ellos es el inglés. Vaya al Canal de Panamá, que une los océanos Atlántico y Pacífico. Vea las molas que hace la tribu indígena kuna y decore la casa con ellas. Bucee en las playas de gran valor ecológico por la riqueza y diversidad de su vida marina.

5 **¿Cierto o falso?** Indicate whether the statements are **cierto** or **falso**. Correct the false statements.

1. Panamá tiene aproximadamente el tamaño de California.

   Falso. Panamá tiene aproximadamente el tamaño de Carolina del Sur.

2. La moneda panameña, que se llama el balboa, es equivalente al dólar estadounidense.

   Cierto.

3. La lengua natal de todos los panameños es el inglés.

   Falso. La lengua natal del 14% de los panameños es el inglés.

4. El Canal de Panamá une los océanos Pacífico y Atlántico.

   Cierto.

5. Las molas tradicionales siempre se usaron para decorar las casas.

   Falso. Las molas tradicionales antes sólo se usaban como ropa, pero hoy día también se usan para decorar las casas.

Nombre ______________________ Fecha ______________________

repaso

Lecciones 1–3

Lecciones 1–3

1 **¿Cuánto tiempo hace?** Complete the answers with **por** or **para**. Then write questions that correspond to the answers.

1. ¿Cuánto tiempo hace que trabajas para tu padre en la tienda?
   Hace cuatro años que trabajo ___para___ mi padre en la tienda.
2. ¿Cuánto tiempo hace que pasaron por la casa de Javier y Olga?
   Pasamos ___por___ la casa de Javier y Olga hace dos horas.
3. ¿Cuánto tiempo hace que compraste una blusa para tu hermana?
   Hace tres meses que compré una blusa ___para___ mi hermana.
4. ¿Cuánto tiempo hace que Ana estudia italiano por Internet?
   Hace dos años que Ana estudia italiano ___por___ Internet.

2 **¿Pretérito o imperfecto?** Complete the sentences with the preterite or imperfect of the verbs in parentheses as appropriate.

1. De niña, Lina siempre ___usaba___ (usar) la ropa de sus primas.
2. El año pasado, Ricardo ___viajó___ (viajar) a Costa Rica durante las Navidades.
3. Cuando Gloria lo ___llamó___ (llamar) a su casa, él ___dormía___ (dormir) tranquilamente.
4. Mientras los niños ___jugaban___ (jugar) en el parque, los padres ___hablaban___ (hablar).
5. Yo ___veía___ (ver) la televisión en casa cuando Carolina ___vino___ (venir) a verme.
6. Mientras Lola ___saludaba___ (saludar) a sus amigos, Rita ___estacionó___ (estacionar) el coche.

3 **Hágalo ahora** Write sentences using the words provided. Use formal or informal commands according to the subjects indicated.

1. (tú) / ayudarlos a traer las compras Ayúdalos a traer las compras.
2. (Uds.) / practicar el francés Practiquen el francés.
3. (tú) / buscarme un reproductor de MP3 bueno Búscame un reproductor de MP3 bueno.
4. (Ud.) / decirle lo que desea Dígale lo que desea.
5. (Uds.) / no ser malas personas No sean malas personas.
6. (Ud.) / salir antes de las cinco Salga antes de las cinco.
7. (tú) / comer frutas y verduras Come frutas y verduras.
8. (Ud.) / parar en la esquina Pare en la esquina.

4 **El subjuntivo** Rewrite the sentences using the words in parentheses. Use the subjunctive of the verbs.

modelo

Ellos tienen muchos problemas. (ser malo)
Es malo que ellos tengan muchos problemas.

1. El apartamento tiene dos baños. (Rita / preferir)
   Rita prefiere que el apartamento tenga dos baños.
2. Las mujeres ven al doctor todos los años. (ser importante)
   Es importante que las mujeres vean al doctor todos los años.
3. Los pacientes hacen ejercicio. (la enfermera / sugerir)
   La enfermera sugiere que los pacientes hagan ejercicio.

5 **Los países** Complete the sentences with the verbs in the word bank and the pronoun **se**.

conocer	escuchar	hablar	ofrecer
empezar	establecer	hacer	ver

1. En los parques nacionales costarricenses ___se ven___ muchas plantas y animales.
2. El café costarricense ___se empieza/empezó___ a exportar en el siglo XIX.
3. En Costa Rica ___se ofrece___ educación gratuita a todos los ciudadanos.
4. La ciudad de Buenos Aires ___se conoce___ como el "París de Suramérica".
5. Después del año 1880, una gran cantidad de inmigrantes ___se establece/estableció___ en Argentina.
6. Hoy día el tango argentino ___se escucha___ en todo el mundo.
7. En Panamá ___se hablan___ español, lenguas indígenas e inglés.
8. Las molas panameñas ___se hacen___ con fragmentos de tela de colores vivos.

6 **La vida de ayer y hoy** Describe what people's lives were like in the early 1800s and what they are like now. Mention the things that people used to do and the things they do now (you may want to use adverbs like **siempre**, **nunca**, and **a veces**). Then mention the things that people should do to ensure a better quality of life in the future (you may want to use phrases like **es importante que**... and **es necesario que**...). Answers will vary.

Nombre ______________ Fecha ______________

contextos

Lección 4

1 **La naturaleza** Complete the sentences with the appropriate nature-related words.

1. La luna, las estrellas, el sol y las nubes están en el cielo.
2. El desierto es un lugar donde no llueve y hace mucho calor.
3. Una montaña que tiene un cráter es un volcán.
4. La región llana (*flat*) que hay entre dos montañas es un valle.
5. La selva es un bosque tropical, lo que significa que está cerca del ecuador.
6. Para ir a pasear por las montañas, es importante seguir un sendero.

2 **Problema y solución** Match each problem with its solution. Then write a sentence with each pair, providing a solution to the problem.

Problemas	Soluciones
1. la deforestación de los bosques	controlar las emisiones de los coches
2. la erosión de las montañas	plantar muchos árboles
3. la falta (*lack*) de recursos naturales	prohibir que se corten (*cut down*) los árboles en algunas regiones
4. la contaminación del aire en las ciudades	reciclar los envases y latas
5. la contaminación nuclear	desarrollar fuentes (*sources*) de energía renovable

modelo

la extinción de plantas y animales / proteger las especies en peligro
Para resolver el problema de la extinción de plantas y animales, tenemos que proteger las especies en peligro.

1. Para resolver el problema de la deforestación de los bosques, tenemos que prohibir que se corten los árboles en algunas regiones.
2. Para resolver el problema de la erosión de las montañas, tenemos que plantar muchos árboles.
3. Para resolver el problema de la falta de recursos naturales, tenemos que reciclar los envases y latas.
4. Para resolver el problema de la contaminación del aire en las ciudades, tenemos que controlar las emisiones de los coches.
5. Para resolver el problema de la contaminación nuclear tenemos que desarrollar fuentes de energía renovable.

3 **Sinónimos y antónimos** Fill in the blanks with the correct verbs from the word bank.

conservar contaminar dejar de mejorar reducir

1. gastar ≠ conservar
2. hacerse mejor = mejorar
3. usar más ≠ reducir
4. continuar ≠ dejar de
5. limpiar ≠ contaminar

Nombre ______________________ Fecha ______________________

4 **Nuestra madre**

Fill in the blanks with the correct terms. Then, read the word formed vertically to complete the final sentence.

1 A M B I E N T E
2 A N I M A L E S
3 C R Á T E R
4 N U B E S
5 P I E D R A S
6 P Á J A R O
7 E C O L O G Í A
8 C I E L O
9 P E Z
10 L U N A

1. El lugar donde vivimos es nuestro medio ambiente.
2. Un bosque tiene muchos tipos de árboles y animales.
3. Un volcán tiene un cráter en la parte de arriba.
4. Cuando el cielo está nublado, hay muchas nubes.
5. Las piedras son rocas (*rocks*) más pequeñas.
6. Otra palabra para *ave* es pájaro.
7. La ecología es el estudio de los animales y plantas en su medio ambiente.
8. En el cielo están el sol, la luna y las estrellas.
9. El salmón es un tipo de pez.
10. El satélite natural que se ve desde la Tierra es la luna.

Todas estas cosas forman parte de la naturaleza.

5 **Carta de un lector**

Complete this letter to the editor with items from the word bank.

árboles	**deforestación**	**evitar**	**población**	**reducir**
conservar	**dejar de**	**ley**	**reciclar**	**resolver**
contaminación	**envase**	**mejorar**	**recurso natural**	**respiramos**

Creo que la (1) contaminación del aire es un problema que se tiene que (2) resolver muy pronto. Cada día hay más carros que contaminan el aire que nosotros (3) respiramos. Además, la (4) deforestación en las regiones cerca de la ciudad elimina una gran parte del oxígeno que los (5) árboles le proveían (*provided*) a la (6) población de la ciudad. Es importante (7) mejorar las condiciones de las calles para que las personas puedan pasear en bicicleta para ir al trabajo. Así, todos pueden (8) conservar el petróleo, que es un (9) recurso natural que no va a durar (*last*). El uso de bicicletas en la ciudad es una de las mejores ideas para (10) reducir/evitar el uso de los carros. Debemos (11) dejar de pensar que el carro es un objeto necesario y buscar otras maneras de transportarnos. Quizás algún día podamos (12) evitar/reducir/resolver los problemas que nos causa la contaminación.

Nombre ____________ Fecha ____________

estructura

4.1 The subjunctive with verbs of emotion

1 **Emociones** Complete the sentences with the subjunctive of the verbs in parentheses.

1. A mis padres les molesta que los vecinos quiten (quitar) los árboles.
2. Julio se alegra de que haya (haber) muchos pájaros en el jardín de su casa.
3. Siento que Teresa y Lola estén (estar) enfermas.
4. Liliana tiene miedo de que sus padres decidan (decidir) mudarse a otra ciudad.
5. A ti te sorprende que la deforestación sea (ser) un problema tan grande.
6. Rubén espera que el gobierno mejore (mejorar) las leyes que protegen la naturaleza.

2 **Comentarios de Manuel** Your friend Manuel is talking about his opinions on the environment. Combine his statements, using the subjunctive.

modelo

En algunos países la gente usa mucha gasolina. Es terrible.

Es terrible que en algunos países la gente use mucha gasolina.

1. Muchos ríos están contaminados. Es triste.

   Es triste que muchos ríos estén contaminados.

2. Algunas personas evitan reciclar. Es ridículo.

   Es ridículo que algunas personas eviten reciclar.

3. Los turistas no recogen la basura. Es una lástima.

   Es una lástima que los turistas no recojan la basura.

4. La gente destruye el medio ambiente. Es extraño.

   Es extraño que la gente destruya el medio ambiente.

3 **Ojalá...** Manuel is still hopeful about the environment. Express his opinions using the elements provided. Start the sentences with **Ojalá que**.

1. los países / conservar sus recursos naturales

   Ojalá que los países conserven sus recursos naturales.

2. las futuras generaciones / no estar afectadas por nuestros errores

   Ojalá que las futuras generaciones no estén afectadas por nuestros errores.

3. la población / querer cambiar las leyes de deforestación

   Ojalá que la población quiera cambiar las leyes de deforestación.

4. las personas / reducir el uso de los carros en las ciudades

   Ojalá que las personas reduzcan el uso de los carros en las ciudades.

5. todos nosotros / saber resolver el problema del calentamiento global

   Ojalá que todos nosotros sepamos resolver el problema del calentamiento global.

Nombre Fecha

4 **Lo que sea** Change the subject of the second verb in each sentence to the subject in parentheses. Then complete the new sentence with the new subject, using the subjunctive.

modelo

Pablo se alegra de ver a Ricardo. (su madre)
Pablo se alegra de que su madre vea a Ricardo.

1. Me gusta salir los fines de semana. (mi hermana)

   Me gusta que mi hermana salga los fines de semana.
2. José y tú esperan salir bien en el examen. (yo)

   José y tú esperan que (yo) salga bien en el examen.
3. Es ridículo contaminar el mundo en que vivimos. (la gente)

   Es ridículo que la gente contamine el mundo en que vivimos.
4. Carla y Patricia temen separarse del sendero. (sus amigos)

   Carla y Patricia temen que sus amigos se separen del sendero.
5. Te molesta esperar mucho al ir de compras. (tu novio)

   Te molesta que tu novio espere mucho al ir de compras.
6. Es terrible usar más agua de la necesaria. (las personas)

   Es terrible que las personas usen más agua de la necesaria.
7. Es triste no saber leer. (Roberto)

   Es triste que Roberto no sepa leer.
8. Es una lástima encontrar animales abandonados. (los vecinos)

   Es una lástima que los vecinos encuentren animales abandonados.

5 **Emociones** Describe the characters' feelings about the environment using the elements provided and the present subjunctive.

1. Miguel / alegrarse / sus amigos / reciclar los periódicos y los envases

   Miguel se alegra de que sus amigos reciclen los periódicos y los envases.
2. a los turistas / sorprender / el país / proteger tanto los parques naturales

   A los turistas les sorprende que el país proteja tanto los parques naturales.
3. Maru / temer / algunas personas / cazar animales en peligro de extinción

   Maru teme que algunas personas cacen animales en peligro de extinción.
4. don Diego / sentir / las playas de la ciudad / estar contaminadas

   Don Diego siente que las playas de la ciudad estén contaminadas.
5. Felipe y sus amigos / esperar / el gobierno / desarrollar nuevos sistemas de energía

   Felipe y sus amigos esperan que el gobierno desarrolle nuevos sistemas de energía.
6. a Jimena / gustar / mi primo / recoger y cuidar animales abandonados

   A Jimena le gusta que mi primo recoja y cuide animales abandonados.

Lección 4

Nombre ______________________ Fecha ______________________

4.2 The subjunctive with doubt, disbelief, and denial

1 **No es probable** Complete the sentences with the subjunctive of the verbs in parentheses.

1. No es verdad que Luis ___sea___ (ser) un mal científico.
2. Es probable que Carla y yo ___hagamos___ (hacer) ecoturismo en el bosque nacional.
3. Lina no está segura de que el guía ___sepa___ (saber) dónde estamos.
4. No es seguro que Martín ___llegue___ (llegar) antes del viernes.
5. Es posible que Daniel y Nico ___vengan___ (venir) a visitarnos hoy.
6. No es probable que la agencia les ___pague___ (pagar) mal a sus empleados.

2 **Es posible que pase** A group of hikers are asking their guide about the environment, but he isn't always sure what to tell them. Answer their questions, using the words in parentheses.

modelo
¿Hay mucha contaminación en las ciudades? (probable)
Es probable que haya mucha contaminación en las ciudades.

1. ¿Hay muchas vacas en los campos de la región? (probable)
   Es probable que haya muchas vacas en los campos de la región.
2. ¿El agua de esos ríos está contaminada? (posible)
   Es posible que el agua de esos ríos esté contaminada.
3. ¿Ese sendero nos lleva al lago? (quizás)
   Quizás ese sendero nos lleve al lago.
4. ¿Protege el gobierno todos los peces del océano? (imposible)
   Es imposible que el gobierno proteja todos los peces del océano.
5. ¿La población reduce el uso de envases de plástico? (improbable)
   Es improbable que la población reduzca el uso de envases de plástico.
6. ¿El desierto es un lugar mejor para visitar en invierno? (tal vez)
   Tal vez el desierto sea un lugar mejor para visitar en invierno.

3 **¿Estás seguro?** Complete the sentences with the indicative or subjunctive form of the verbs in parentheses.

1. No dudo que Manuel ___es___ (ser) la mejor persona para hacer el trabajo.
2. El conductor no niega que ___tiene___ (tener) poca experiencia por estas carreteras.
3. Ricardo duda que Mirella ___diga___ (decir) siempre toda la verdad.
4. Sé que es verdad que nosotros ___debemos___ (deber) cuidar el medio ambiente.
5. Lina no está segura de que sus amigos ___puedan___ (poder) venir a la fiesta.
6. Claudia y Julio niegan que tú ___quieras___ (querer) mudarte a otro barrio.
7. No es probable que ella ___busque___ (buscar) un trabajo de secretaria.

Lección 4

¿Es o no es? Choose the correct phrase in parentheses to rewrite each sentence, based on the verb.

1. (Estoy seguro, No estoy seguro) de que a Mónica le gusten los perros.

   No estoy seguro de que a Mónica le gusten los perros.

2. (Es verdad, No es verdad) que Ramón duerme muchas horas todos los días.

   Es verdad que Ramón duerme muchas horas todos los días.

3. Rita y Rosa (niegan, no niegan) que gaste mucho cuando voy de compras.

   Rita y Rosa niegan que gaste mucho cuando voy de compras.

4. (No cabe duda de, Dudas) que el aire que respiramos está contaminado.

   No cabe duda de que el aire que respiramos está contaminado.

5. (No es cierto, Es obvio) que a Martín y a Viviana les encanta viajar.

   Es obvio que a Martín y a Viviana les encanta viajar.

6. (Es probable, No hay duda de) que tengamos que reciclar todos los envases.

   Es probable que tengamos que reciclar todos los envases.

5

Desacuerdos Sometimes people contradict you. Write their responses to your statements, using the words in parentheses. Use the indicative or subjunctive form as appropriate.

1. Las matemáticas son muy difíciles. (no es cierto)

   No es cierto que las matemáticas sean muy difíciles.

2. El problema del cambio climático es bastante complicado. (el presidente no niega)

   El presidente no niega que el problema del cambio climático es bastante complicado.

3. Él va a terminar el trabajo a tiempo. (Ana duda)

   Ana duda que él vaya a terminar/que él termine el trabajo a tiempo.

4. Esa película es excelente. (mis amigos están seguros de)

   Mis amigos están seguros de que esa película es excelente.

5. El español se usa más y más cada día. (no cabe duda de)

   No cabe duda de que el español se usa más y más cada día.

6. Lourdes y yo podemos ayudarte esta tarde. (no es seguro)

   No es seguro que Lourdes y yo podamos ayudarte esta tarde.

7. Marcos escribe muy bien en francés. (el maestro no cree)

   El maestro no cree que Marcos escriba muy bien en francés.

8. Pedro y Virginia nunca comen carne. (no es verdad)

   No es verdad que Pedro y Virginia nunca coman carne.

4.3 The subjunctive with conjunctions

1 **Las conjunciones** Complete the sentences with the subjunctive form of the verbs in parentheses.

1. Lucas debe terminar el trabajo antes de que su jefe (*boss*) llegue (llegar).
2. ¿Qué tenemos que hacer en caso de que haya (haber) una emergencia?
3. Ellos van a pintar su casa con tal de que (tú) los ayudes (ayudar).
4. No puedo ir al museo a menos que Juan venga (venir) por mí.
5. Alejandro siempre va a casa de Carmen sin que ella lo invite (invitar).
6. Tu madre te va a prestar dinero para que te compres (comprar) un coche usado.
7. No quiero que ustedes se vayan sin que tu esposo vea (ver) mi computadora nueva.
8. Pilar no puede irse de vacaciones a menos que (ellos) le den (dar) más dinero.
9. Andrés va a llegar antes de que Rocío y yo leamos (leer) el correo electrónico.
10. Miguel lo va a hacer con tal de que tú se lo sugieras (sugerir).

2 **¿Hasta cuándo?** Your gossipy coworker is always in everyone else's business. Answer his questions in complete sentences, using the words in parentheses.

1. ¿Hasta cuándo vas a ponerte ese abrigo? (hasta que / el jefe / decirme algo)
   Me voy a poner ese/este abrigo hasta que el jefe me diga algo./Me lo voy a poner hasta que el jefe me diga algo.
2. ¿Cuándo va Rubén a buscar a Marta? (tan pronto como / salir de clase)
   Rubén va a buscar a Marta tan pronto como salga de clase.
3. ¿Cuándo se van de viaje Juan y Susana? (en cuanto / tener vacaciones)
   Juan y Susana se van de viaje en cuanto tengan vacaciones.
4. ¿Cuándo van ellos a invitarnos a su casa? (después de que / nosotros / invitarlos)
   Ellos van a invitarnos a su casa después de que nosotros los invitemos.
5. ¿Hasta cuándo va a trabajar aquí Ramón? (hasta que / su esposa / graduarse)
   Ramón va a trabajar aquí hasta que su esposa se gradúe.
6. ¿Cuándo puede mi hermana pasar por tu casa? (cuando / querer)
   Tu hermana puede pasar por mi casa cuando quiera.
7. ¿Hasta cuándo vas a tomar las pastillas? (hasta que / yo / sentirme mejor)
   Voy a tomar las pastillas hasta que me sienta mejor.
8. ¿Cuándo va Julia a reciclar estos envases? (tan pronto como / regresar)
   Julia va a reciclar estos envases tan pronto como regrese.

3 **Siempre llegas tarde** Complete this conversation, using the subjunctive and the indicative as appropriate.

MARIO Hola, Lilia. Ven a buscarme en cuanto (yo) (1) salga (salir) de clase.

LILIA Voy a buscarte tan pronto como la clase (2) termine (terminar), pero no quiero esperar como ayer.

MARIO Ayer cuando iba a salir, (yo) me (3) encontré (encontrar) con mi profesora de química y hablé con ella del examen.

LILIA No quiero esperarte otra vez hasta que (4) sea (ser) demasiado tarde para almorzar.

MARIO Hoy voy a estar esperándote en cuanto (tú) (5) llegues (llegar) a buscarme.

LILIA Después de que (yo) te (6) recoja (recoger), podemos ir a comer a la cafetería.

MARIO En cuanto (tú) (7) entres (entrar) en el estacionamiento, me vas a ver allí, esperándote.

LILIA No lo voy a creer hasta que (yo) lo (8) vea (ver).

MARIO Recuerda que cuando (yo) te (9) fui (ir) a buscar al laboratorio la semana pasada, te tuve que esperar media hora.

LILIA Tienes razón. ¡Pero llega allí tan pronto como (tú) (10) puedas (poder)!

Síntesis

Write an opinion article about oil spills (**los derrames de petróleo**) and their impact on the environment. Use the subjunctive with verbs and expressions of emotion, doubt, disbelief, and denial, and use the indicative with expressions of certainty that you learned in this lesson to describe your own and other people's opinions about the effects of oil spills on the environment. Answers will vary.

Nombre ______________________ Fecha ______________________

panorama

Colombia

1 **¿Cierto o falso?** Indicate whether each statement is **cierto** or **falso**. Then correct the false statements.

1. Más de la mitad de la superficie de Colombia está sin poblar.

   Cierto.

2. La moneda de Colombia es el dólar estadounidense.

   Falso. La moneda de Colombia es el peso colombiano.

3. El Museo del Oro preserva orfebrería de la época de los españoles.

   Falso. El Museo del Oro preserva orfebrería de la época precolombina.

4. El evento más importante del Carnaval de Barranquilla es la Batalla de las Flores.

   Cierto.

5. El Castillo de San Felipe de Barajas es la fortaleza más grande de las Américas.

   Cierto.

6. Medellín se conoce por el Festival Internacional de Música y el Festival Internacional de Cine.

   Falso. Cartagena se conoce por el Festival Internacional de Música y el Festival Internacional de Cine.

2 **Consejos** Give advice to a friend who is going to visit Colombia by completing these sentences with the subjunctive of the verb in parentheses and information from **Panorama**.

1. Es importante que cambies (cambiar) los dólares a pesos colombianos.
2. Ojalá que conduzcas (conducir) desde Bogotá, la capital, hasta Cartagena.
3. En Cartagena, espero que nades (nadar) en las playas del mar Caribe.
4. En Cartagena, también es posible que veas (ver) edificios antiguos como iglesias/monasterios/palacios y mansiones.
5. Cuando vuelvas (volver) a Bogotá, vas a ver una parte de la cordillera de los Andes.
6. Te recomiendo que visites (visitar) el Museo del Oro en Bogotá para ver las piezas de orfebrería de la época precolombina.
7. Me alegro de que conozcas (conocer) las esculturas de Fernando Botero.
8. Espero que leas (leer) algún libro de Gabriel García Márquez.

Lección 4

Nombre Fecha

3 **Ciudades colombianas** Label each picture.

1. Bogotá 2. Cali

3. Cartagena (de Indias) 4. Medellín

4 **Preguntas sobre Colombia** Answer the questions about Colombia with complete sentences.

Answers will vary. Suggested answers:

1. ¿Cómo se compara el área de Colombia con el área de Montana?

   Colombia tiene tres veces el área de Montana.

2. ¿Qué país conecta a Colombia con Centroamérica?

   Panamá conecta a Colombia con Centroamérica.

3. Menciona a dos artistas colombianos que conozcas.

   Dos artistas colombianos que conozco son Edgar Negret/Fernando Botero/Gabriel García Márquez y Shakira.

4. ¿Qué creencia tenían las tribus indígenas sobre el oro?

   Las tribus indígenas tenían la creencia de que el oro era la expresión física de la energía creadora de los dioses.

5. ¿Cuál es el libro más conocido de Gabriel García Márquez?

   El libro más conocido de Gabriel García Márquez es *Cien años de soledad*.

6. ¿De qué época son las iglesias, monasterios, palacios y mansiones que se conservan en Cartagena?

   Las iglesias, monasterios, palacios y mansiones que se conservan en Cartagena son de la época colonial.

Nombre ______ Fecha ______

contextos

Lección 5

1 **El dinero** Complete the sentences with the correct banking-related words.

1. Necesito sacar dinero en efectivo. Voy al cajero automático.
2. Quiero ahorrar para comprar una casa. Pongo el dinero en una cuenta de ahorros.
3. Voy a pagar, pero no tengo efectivo ni tarjeta de crédito. Puedo usar un cheque.
4. Cuando uso un cheque, el dinero sale de mi cuenta corriente.
5. Para cobrar un cheque a mi nombre, lo tengo que firmar por detrás.
6. Para ahorrar, pienso depositar $200 en mi cuenta de ahorros todos los meses.

2 **¿Qué clase (*kind*) de tienda es ésta?** You are running errands, and you can't find the things you're looking for. Fill in the blanks with the names of the places you go.

1. ¿No tienen manzanas? ¿Qué clase de frutería es ésta?
2. ¿No tienen una chuleta de cerdo? ¿Qué clase de carnicería es ésta?
3. ¿No tienen detergente? ¿Qué clase de lavandería es ésta?
4. ¿No tienen dinero? ¿Qué clase de banco es éste?
5. ¿No tienen diamantes (*diamonds*)? ¿Qué clase de joyería es ésta?
6. ¿No tienen estampillas? ¿Qué clase de correo es éste?
7. ¿No tienen botas? ¿Qué clase de zapatería es ésta?
8. ¿No tienen aceite vegetal? ¿Qué clase de supermercado es éste?

3 **¿Cómo pagas?** Fill in the blank with the most likely form of payment for each item.
Answers will vary.

a plazos	**con un préstamo**
al contado	**gratis**

1. un refrigerador a plazos
2. una camisa al contado
3. un coche nuevo con un préstamo
4. las servilletas en un restaurante gratis
5. una computadora a plazos
6. un vaso de agua gratis
7. una hamburguesa al contado
8. una cámara digital a plazos/al contado
9. la universidad con un préstamo
10. unos sellos al contado

4 **Tu empresa** Fill in the blanks with the type of store each slogan would promote.

1. "Compre aquí para toda la semana y ahorre en alimentos para toda la familia". supermercado
2. "Deliciosos filetes de salmón en oferta especial". pescadería
3. "Recién (*Just*) salido del horno". panadería
4. "Naranjas y manzanas a dos dólares el kilo". frutería
5. "Tráiganos su ropa más fina. ¡Va a quedar como nueva!". lavandería
6. "51 sabrosas variedades para el calor del verano". heladería
7. "¡Reserva el pastel de cumpleaños de tu hijo hoy!". pastelería
8. "Un diamante es para siempre". joyería
9. "Salchichas, jamón y chuletas de cerdo". carnicería
10. "Arréglese las uñas y péinese hoy por un precio económico". peluquería/salón de belleza

5 **¿Cómo llego?** Identify the final destination for each set of directions.

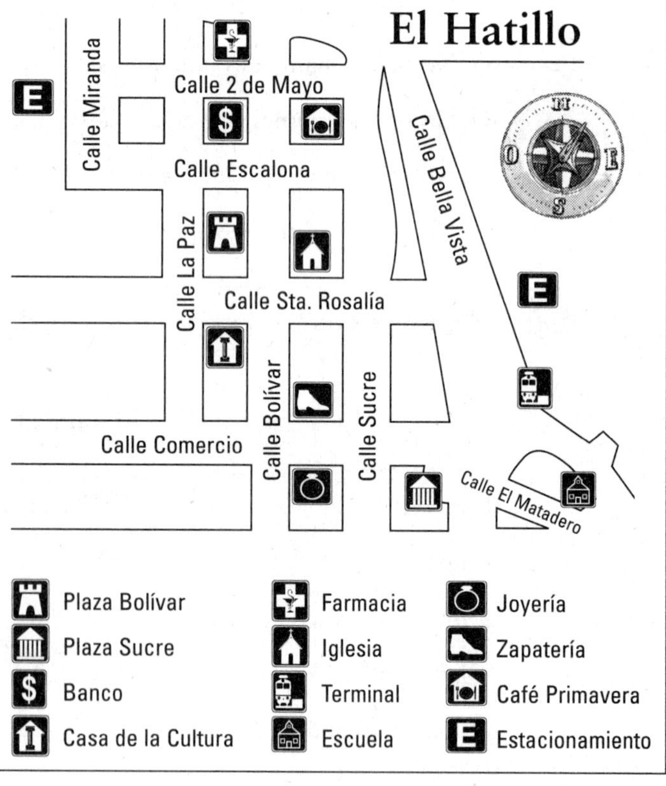

1. De la Plaza Sucre, camine derecho en dirección oeste por la calle Comercio. Doble a la derecha en la calle La Paz hasta la calle Escalona. Doble a la izquierda y al final de la calle va a verlo.
el estacionamiento (oeste) de la calle Miranda

2. Del banco, camine en dirección este por la calle Escalona. Cuando llegue a la calle Sucre, doble a la derecha. Siga dos cuadras hasta la calle Comercio. Doble a la izquierda. El lugar queda al cruzar la calle Bella Vista.
la terminal

3. Del estacionamiento de la calle Bella Vista, camine derecho por la calle Sta. Rosalía hasta la calle Bolívar. Cruce la calle Bolívar y a la derecha, en esa cuadra, la va a encontrar.
la Plaza Bolívar

4. De la joyería, camine por la calle Comercio hasta la calle Bolívar. Doble a la derecha y cruce la calle Sta. Rosalía y la calle Escalona. Siga hasta la calle 2 de Mayo. Cruce la calle Bolívar. Al norte, en esa esquina, la va a ver.
la farmacia

Nombre ______ Fecha ______

estructura

5.1 The subjunctive in adjective clauses

1 **El futuro de las computadoras** Complete the paragraph with the subjunctive of the verbs in parentheses.

¿Alguna vez ha pensado en una computadora del tamaño de un celular que (1) ___tenga___ (tener) una imagen virtual que usted (2) ___pueda___ (poder) manipular? En nuestra compañía queremos desarrollar un programa que (3) ___muestre___ (mostrar) el contenido de una computadora en forma de holograma 3D sobre cualquier superficie (*surface*). Y que (4) ___funcione___ (funcionar) ¡sin necesidad de gafas especiales! Para desarrollar esta tecnología, se necesita una combinación de electrónica, óptica y un programa que (5) ___sirva___ (servir) para convertir una imagen de 2D en 3D. Es posible, por ejemplo, que se (6) ___usen___ (usar) estas computadoras de manera cotidiana y que en el futuro (7) ___sean___ (ser) normales los mensajes con las imágenes y la voz de la persona que los grabó, ¡justo como en la *Guerra de las Galaxias* (*Star Wars*)! Probablemente esta tecnología sea tan común que todos (nosotros) la (8) ___encontremos___ (encontrar) en cualquier lugar de la ciudad.

2 **Completar** Complete the sentences with the indicative or the subjunctive of the verbs in parentheses.

(ser)

1. Inés quiere comprar una falda que ___sea___ larga y elegante.
2. A María le gusta la falda que ___es___ verde y negra.

(estar)

3. Nunca estuvieron en el hotel que ___está___ al lado del aeropuerto.
4. No conocemos ningún hotel que ___esté___ cerca de su casa.

(quedar)

5. Hay un banco en el edificio que ___queda___ en la esquina.
6. Deben poner un banco en un edificio que ___quede___ más cerca.

(tener)

7. Silvia quiere un apartamento que ___tenga___ balcón y piscina.
8. Ayer ellos vieron un apartamento que ___tiene___ tres baños.

(ir)

9. Hay muchas personas que ___van___ a Venezuela de vacaciones.
10. Raúl no conoce a nadie que ___vaya___ a Venezuela este verano.

Lección 5

Nombre ______ Fecha ______

3 **Fotonovela** Rewrite the sentences to make them negative, using the subjuntive where appropriate.

modelo

Maru conoce a un chico que estudia medicina.
Maru no conoce a ningún chico que estudie medicina.

1. Los padres de Miguel cuidan a un perro que protege su casa.
   Los padres de Miguel no cuidan a ningún perro que proteja su casa.
2. Juan Carlos tiene un pariente que escribe poemas.
   Juan Carlos no tiene ningún pariente que escriba poemas.
3. Los Díaz usan coches que son baratos.
   Los Díaz no usan ningún coche que sea barato.
4. Don Diego trabaja con unas personas que conocen a su padre.
   Don Diego no trabaja con nadie/ninguna persona que conozca a su padre.
5. Jimena hace un plato mexicano que es delicioso.
   Jimena no hace ningún plato mexicano que sea delicioso.

4 **Paseando en Caracas** Answer these questions affirmatively or negatively, as indicated. Use the subjunctive where appropriate.

1. ¿Hay algún buzón que esté en la Plaza Bolívar?
   Sí, hay un buzón que está en la Plaza Bolívar.
2. ¿Conoces a alguien que sea abogado de inmigración?
   No, no conozco a nadie que sea abogado de inmigración.
3. ¿Ves a alguien aquí que estudie español contigo?
   Sí, veo a alguien aquí que estudia español conmigo.
4. ¿Hay alguna panadería que venda pan caliente (*hot*) cerca de aquí?
   No, no hay ninguna panadería que venda pan caliente cerca de aquí.
5. ¿Tienes alguna compañera que vaya a ese gimnasio?
   Sí, tengo una compañera que va a ese gimnasio.
6. ¿Conoces a alguien que sea cartero?
   No, no conozco a nadie que sea cartero.

5 **Une las frases** Complete the sentences with the most logical endings from the word bank. Use the indicative or subjunctive forms of the verbs as appropriate.

abrir hasta las doce de la noche	gustarle mucho	siempre decirnos la verdad
no manejar en carretera	ser cómoda y barata	tener muchos museos

1. Rolando tiene un auto que le gusta mucho.
2. Todos buscamos amigos que siempre nos digan la verdad.
3. Irene y José viven en una ciudad que tiene muchos museos.
4. ¿Hay una farmacia que abra hasta las doce de la noche?

Lección 5

Nombre ______________________ Fecha ______________________

5.2 **Nosotros/as** commands

1

Hagamos eso Rewrite these sentences, using the **nosotros/as** command forms of the verbs in italics.

modelo

Tenemos que *terminar* el trabajo antes de las cinco.
Terminemos el trabajo antes de las cinco.

1. Hay que *limpiar* la casa hoy.
   Limpiemos la casa hoy.
2. Tenemos que *ir* al dentista esta semana.
   Vamos al dentista esta semana.
3. Debemos *depositar* el dinero en el banco.
   Depositemos el dinero en el banco.
4. Podemos *viajar* a Venezuela este invierno.
   Viajemos a Venezuela este invierno.
5. Queremos *salir* a bailar este sábado.
   Salgamos a bailar este sábado.
6. Deseamos *invitar* a los amigos de Ana.
   Invitemos a los amigos de Ana.

2

¡Sí! ¡No! You and your older sister disagree about everything. Write affirmative and negative **nosotros/as** commands for these actions.

modelo

abrir las ventanas
tú: **Abramos las ventanas.**
tu hermana: **No abramos las ventanas.**

1. doblar a la izquierda en la calle Robles
   tú: Doblemos a la izquierda en la calle Robles.
   tu hermana: No doblemos a la izquierda en la calle Robles.
2. poner la televisión
   tú: Pongamos la televisión.
   tu hermana: No pongamos la televisión.
3. abrir el paquete de papá
   tú: Abramos el paquete de papá.
   tu hermana: No abramos el paquete de papá.
4. hacer las diligencias para mamá
   tú: Hagamos las diligencias para mamá.
   tu hermana: No hagamos las diligencias para mamá.

3 **Como Lina** Everyone likes Lina and wants to be like her. Using **nosotros/as** commands, write sentences telling your friends what you all should do to follow her lead.

1. Lina compra zapatos italianos en el centro.
   Compremos zapatos italianos en el centro.
2. Lina conoce la historia del jazz.
   Conozcamos la historia del jazz.
3. Lina se va de vacaciones a las montañas.
   Vámonos de vacaciones a las montañas.
4. Lina se relaja en casa por las tardes.
   Relajémonos en casa por las tardes.
5. Lina hace pasteles para los cumpleaños de sus amigas.
   Hagamos pasteles para los cumpleaños de nuestras amigas.
6. Lina no sale de fiesta todas las noches.
   No salgamos de fiesta todas las noches.
7. Lina corre al lado del río todas las mañanas.
   Corramos al lado del río todas las mañanas.
8. Lina no gasta demasiado dinero en ropa.
   No gastemos demasiado dinero en ropa.

4 **El préstamo** Claudia is thinking of everything that she and her fiancé, Ramón, should do to buy an apartment. Write what she will tell Ramón, using **nosotros/as** commands for the verbs in the infinitive. The first sentence has been done for you.

Podemos pedir un préstamo para comprar un apartamento. Debemos llenar este formulario cuando solicitemos el préstamo. Tenemos que ahorrar dinero todos los meses hasta que paguemos el préstamo. No debemos cobrar los cheques que nos lleguen; debemos depositarlos en la cuenta corriente. Podemos depositar el dinero que nos regalen cuando nos casemos. Le debemos pedir prestado a mi padre un libro sobre cómo comprar una vivienda. Queremos buscar un apartamento que esté cerca de nuestros trabajos. No debemos ir al trabajo mañana por la mañana; debemos ir al banco a hablar con un empleado.

Pidamos un préstamo para comprar un apartamento. Llenemos este formulario cuando solicitemos el préstamo. Ahorremos dinero todos los meses hasta que paguemos el préstamo. No cobremos los cheques que nos lleguen; depositémoslos en la cuenta corriente. Depositemos el dinero que nos regalen cuando nos casemos. Pidámosle prestado a mi padre un libro sobre cómo comprar una vivienda. Busquemos un apartamento que esté cerca de nuestros trabajos. No vayamos al trabajo mañana por la mañana; vamos al banco a hablar con un empleado.

Nombre ______________ Fecha ______________

5.3 Past participles used as adjectives

1 **Completar** Complete the sentences with the correct past participle forms of these verbs.

1. Me voy de paseo junto al río en una bicicleta prestada (prestar).
2. Julián y yo tenemos las maletas abiertas (abrir) por toda la sala.
3. Tu sobrino te regaló un barco hecho (hacer) de papel de periódico.
4. A la abuela de Gabriela le gusta recibir cartas escritas (escribir) a mano.
5. Para protegerse del sol, Rosa tiene un sombrero puesto (poner).
6. Lisa y David tienen bastante dinero ahorrado (ahorrar) en el banco.
7. Hay varios abrigos de invierno guardados (guardar) en el armario.
8. En Perú se descubrieron varias ciudades perdidas (perder) cerca de Cuzco.
9. Natalia, José y Francisco son mis amigos preferidos (preferir).
10. Miguel no puede caminar porque tiene el tobillo torcido (torcer).

2 **Las consecuencias** Complete the sentences with **estar** and the correct past participle.

modelo

La señora Gómez cerró la farmacia.
La farmacia *está cerrada*.

1. Rafael resolvió los problemas. Los problemas están resueltos.
2. Julia se preparó para el examen. Julia está preparada.
3. Le vendimos esa aspiradora a un cliente. Esa aspiradora está vendida.
4. Se prohíbe nadar en ese río. Nadar en ese río está prohibido.
5. La agente de viajes confirmó la reservación. La reservación está confirmada.
6. Carlos y Luis se aburrieron durante la película. Carlos y Luis están aburridos.

3 **¿Cómo están?** Label each drawing with a complete sentence, using the nouns provided with **estar** and the past participle of the verbs.

1. pavo / servir
El pavo está servido.

2. dormitorio / desordenar
El dormitorio está desordenado.

Lección 5

3. cama / hacer La cama está hecha.

4. niñas / dormir Las niñas están dormidas.

4 **El misterio** Complete this paragraph with the correct past participle forms of the verbs in the word bank. Use each verb only once.

abrir	desordenar	hacer	poner	romper	ver
cubrir	escribir	morir	resolver	sorprender	volver

El detective llegó al hotel con el número de la habitación (1) escrito en un papel. Entró en la habitación. La cama estaba (2) hecha y la puerta del baño estaba (3) abierta. Vio a un hombre que parecía estar (4) muerto porque no movía ni un dedo. El hombre tenía la cara (5) cubierta con un periódico y no tenía zapatos (6) puestos. El espejo estaba (7) roto y el baño estaba (8) desordenado. De repente, el hombre se levantó y salió corriendo sin sus zapatos. El detective se quedó muy (9) sorprendido y el misterio nunca fue (10) resuelto.

Síntesis

Imagine you have a friend who lives in an exciting place you have never visited: New York City, Mexico, etc. You are about to visit your friend for the first time; you are very excited and have many things you want to do, but you also have a lot of questions. On a separate sheet of paper, write an e-mail to your friend to prepare for your trip. Your message should include the following:

- Statements about the preparations you have made for your trip, using past participles as adjectives.
- **Nosotros/as** commands that describe the preparations you need to complete in order to do certain activities.
- Questions about the logistics of banking, communications, shopping, etc. in the city or country, using the subjunctive in adjective clauses. Answers will vary.

modelo

Hola, Maribel. Estoy muy emocionada porque acabo de comprar el pasaje para visitarte en Madrid. ¡Las maletas ya están hechas! Intentemos planearlo todo esta semana: consigamos la reservación para la cena de Nochevieja (*New Year's Eve*), llamemos a tus amigos para quedar con (*meet up with*) ellos y compremos ropa nueva para ir a la disco. A propósito, ¿hay muchas tiendas que acepten tarjeta de crédito? ¿Y hay restaurantes que sirvan comida vegetariana? ¿Tienes algún amigo guapo que no tenga novia? ¡Hasta pronto!
Sarah

Nombre ______________________ Fecha ______________________

panorama

Venezuela

1 **En Venezuela** Complete the sentences with information from **Panorama**.

1. Los yanomami viven en comunidades de hasta 400 miembros.
2. El inmunólogo venezolano que ganó el Premio Nobel es Baruj Benacerraf.
3. La mayor concentración de petróleo en Venezuela se encuentra debajo del Lago de Maracaibo.
4. El principal país comprador del petróleo venezolano es los Estados Unidos.
5. El *boom* petrolero convirtió a Caracas en una ciudad cosmopolita.
6. El corazón de Caracas es la zona del Parque Central.
7. A principios del siglo XIX, la actual Venezuela todavía estaba bajo el dominio de España/la corona española.
8. Simón Bolívar fue el líder del movimiento independentista suramericano.

2 **Datos venezolanos** Complete the chart with the indicated information.

Venezolanos famosos	Principales ciudades venezolanas	Idiomas que se hablan en Venezuela	Países del área liberada por Simón Bolívar
Rómulo Gallegos	Caracas	español	Venezuela
Andrés Eloy Blanco	Maracaibo	lenguas indígenas	Colombia
Teresa Carreño	Valencia		Ecuador
Baruj Benacerraf	Barquisimeto		Perú
	Maracay		Bolivia

3 **¿Quién soy?** Identify the person or type of person who could make each statement.

1. "Soy parte de una tribu que vive en el sur de Venezuela".
   un indígena/indio yanomami
2. "Compuse música y toqué (*played*) el piano durante parte de los siglos XIX y XX".
   Teresa Carreño
3. "Fui un general que contribuyó a formar el destino de América".
   Simón Bolívar
4. "Di a conocer el Salto Ángel en 1935".
   James C. Angel

Lección 5

Nombre Fecha

4 **Lo que aprendiste** Write a complete definition of each item, based on what you have learned.

Answers will vary. Suggested answers:

1. bolívar Es la moneda de Venezuela.

2. tribu yanomami Cultura que tiene su centro en el sur de Venezuela, en el bosque tropical. Son cazadores y agricultores. Viven en comunidades de hasta 400 miembros.

3. Baruj Benacerraf Recibió el Premio Nobel por sus investigaciones sobre inmunología y las enfermedades autoinmunes. Nació en Caracas; vivió en París y en los Estados Unidos.

4. Lago de Maracaibo Tiene debajo la mayor concentración de petróleo de Venezuela.

5. Petróleos de Venezuela Las empresas petroleras venezolanas después de ser nacionalizadas y pasar a ser propiedad del estado.

6. Caracas Es la capital de Venezuela. Es una ciudad cosmopolita y moderna con rascacielos y excelentes sistemas de transporte.

7. Parque Central Es el corazón de la ciudad de Caracas, una zona de centros comerciales, tiendas, restaurantes y clubes.

8. Simón Bolívar General nacido en Caracas, llamado "El Libertador" porque fue el líder del movimiento independentista suramericano.

5 **El mapa de Venezuela** Label the map of Venezuela with the correct geographical names.

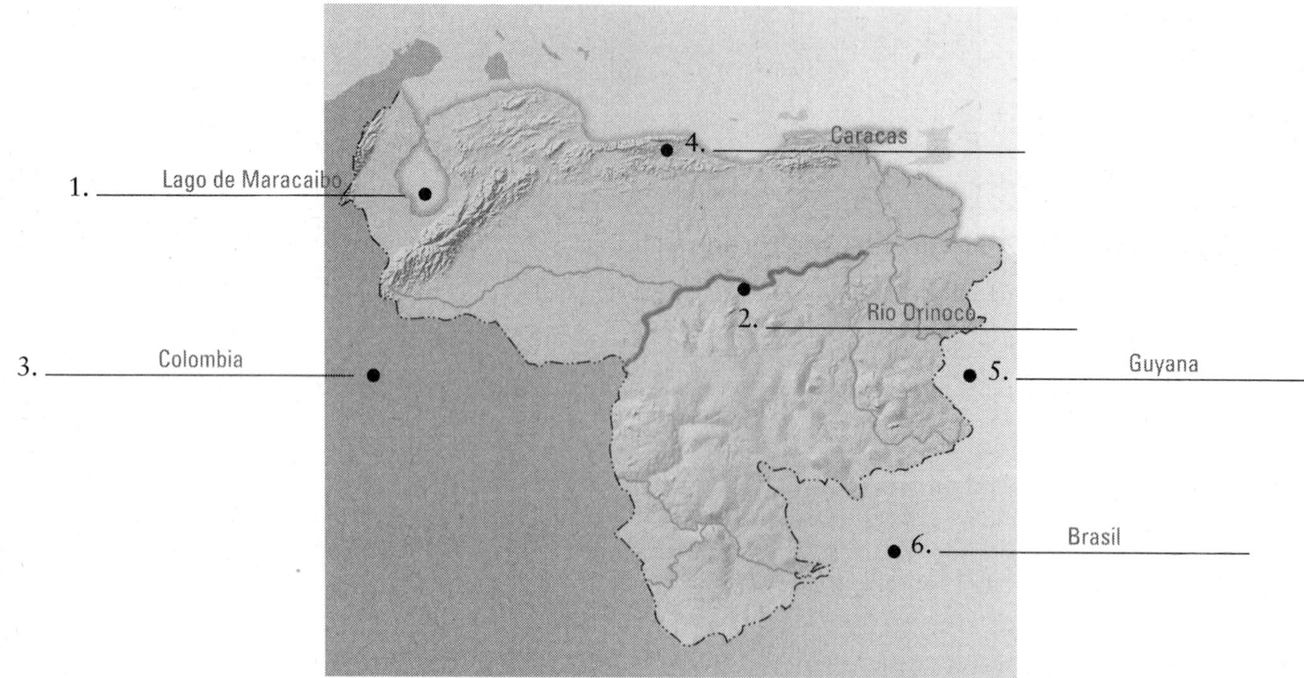

Lección 5

Nombre ______ Fecha ______

contextos

Lección 6

1 **Lo opuesto** Fill in the blanks with the terms that mean the opposite of the descriptions.

1. sedentario activo
2. con cafeína descafeinado/a
3. fuerte débil
4. adelgazar engordar/aumentar de peso
5. comer en exceso estar a dieta
6. con estrés tranquilo/a
7. sufrir muchas presiones aliviar la tensión
8. fuera (*out*) de forma en (buena) forma

2 **Vida sana** Complete the sentences with the correct terms.

1. Antes de correr, es importante hacer ejercicios de hacer ejercisios de estiramiento para calentarse.
2. Para dormir bien por las noches, es importante tomar bebidas descafeinadas.
3. Para desarrollar músculos fuertes, es necesario levantar pesas.
4. Una persona que es muy sedentaria y ve mucha televisión es un teleadicto.
5. Sudar es bueno porque reduce la temperatura del cuerpo.
6. Para aliviar el estrés, es bueno hacer las cosas tranquilamente y sin apurarse/darse prisa.
7. Cuando tienes los músculos tensos, lo mejor es que te den un masaje.
8. Las personas que dependen de las drogas son drogadictas.

3 **Completar** Look at the drawings. Complete the sentences with the correct forms of the verbs from the word bank.

(no) apurarse	**(no) hacer ejercicios de estiramiento**
(no) consumir bebidas alcohólicas	**(no) llevar una vida sana**

1. Isabel debió hacer ejercicios de estiramiento.

2. Mi prima prefiere no consumir bebidas alcohólicas.

3. A Roberto no le gusta llevar una vida sana.

4. Adriana va a llegar tarde y tiene que apurarse.

Nombre Fecha

Lección 6

4 **¿Negativo o positivo?** Categorize the terms in the word bank according to whether they are good or bad for one's health.

buena nutrición	dieta equilibrada	hacer gimnasia	ser drogadicto
colesterol	entrenarse	levantar pesas	ser teleadicto
comer comida sin grasa	exceso de cafeína	llevar una vida sana	sufrir muchas presiones
comer en exceso	fumar	llevar una vida sedentaria	tomar vitaminas
consumir mucho alcohol	hacer ejercicios de estiramiento		

Bueno para la salud	**Malo para la salud**
buena nutrición	colesterol
comer comida sin grasa	comer en exceso
dieta equilibrada	consumir mucho alcohol
entrenarse	exceso de cafeína
hacer ejercicios de estiramiento	fumar
hacer gimnasia	llevar una vida sedentaria
levantar pesas	ser drogadicto
llevar una vida sana	ser teleadicto
tomar vitaminas	sufrir muchas presiones

5 **El/La entrenador(a)** You are a personal trainer, and your clients' goals are listed below. Give each one a different piece of advice, using familiar commands and expressions from **Contextos**.

Answers may vary slightly. Suggested answers:

1. "Quiero adelgazar". Ponte a dieta.
2. "Quiero tener músculos bien definidos". Levanta pesas.
3. "Quiero quemar grasa". Haz ejercicios aeróbicos.
4. "Quiero respirar sin problemas". Deja de fumar./No fumes.
5. "Quiero correr un maratón". Entrénate (todos los días).
6. "Quiero aumentar un poco de peso". Come alimentos con más calorías./Come más.

6 **Los alimentos** Write whether these food categories are rich in **vitaminas**, **minerales**, **proteínas**, or **grasas**.

1. carnes proteínas
2. agua mineral minerales
3. mantequilla grasas
4. frutas vitaminas/minerales
5. huevos proteínas
6. aceite grasas
7. verduras vitaminas/minerales
8. cereales enriquecidos (*fortified*) vitaminas/minerales

Nombre ______________________ Fecha ______________________

Lección 6

estructura

6.1 The present perfect

1 **¿Qué han hecho?** Complete each sentence with the present perfect of the verb in parentheses.

modelo
Marcos y Felipe ________ (hacer) su tarea de economía.
Marcos y Felipe *han hecho* su tarea de economía.

1. Gloria y Samuel han comido (comer) comida francesa.
2. (Yo) He visto (ver) la última película de ese director.
3. Pablo y tú han leído (leer) novelas de García Márquez.
4. Liliana ha tomado (tomar) la clase de ejercicios aeróbicos.
5. (Nosotros) Hemos ido (ir) a esa heladería antes.
6. Tú le han escrito (escribir) un mensaje eléctronico al profesor.

2 **¿Qué han hecho esta tarde?** Write sentences that say what these people have done this afternoon. Use the present perfect. Answers may vary.

1. Luis y Marta
Luis y Marta han jugado a las cartas.

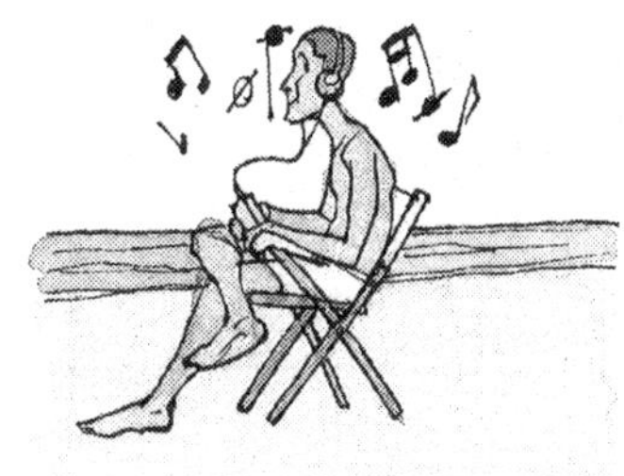

2. Víctor
Víctor ha escuchado música.

3. (tú)
(Tú) Has escrito postales/cartas/una carta.

4. Ricardo
Ricardo ha dormido.

5. (yo)
(Yo) He buceado.

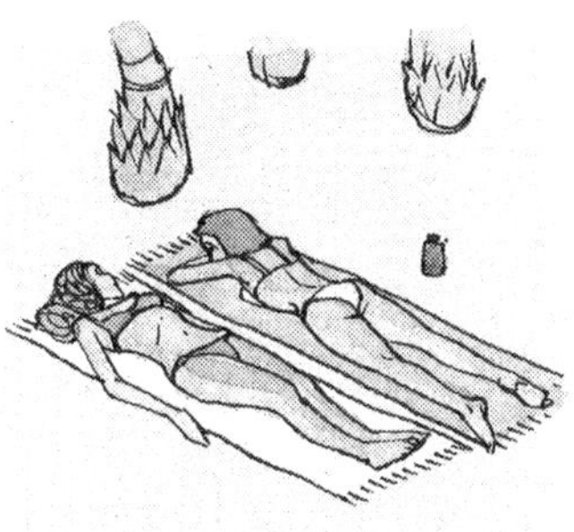

6. Claudia y yo
Claudia y yo hemos tomado el sol.

3 **Ha sido así** Rewrite the sentences, replacing the subject with the one in parentheses.

1. Hemos conocido a varios bolivianos este año. (tú)
   (Tú) Has conocido a varios bolivianos este año.
2. Gilberto ha disfrutado de sus vacaciones. (yo)
   (Yo) He disfrutado de mis vacaciones.
3. ¿Has ido al Museo de Arte de Boston? (ustedes)
   ¿(Ustedes) Han ido al Museo de Arte de Boston?
4. Paula y Sonia han comenzado a levantar pesas. (Virginia)
   Virginia ha comenzado a levantar pesas.
5. He asistido a tres conferencias de ese escritor. (los estudiantes)
   Los estudiantes han asistido a tres conferencias de ese escritor.
6. Mi hermano ha engordado un poco este verano. (mi madre y yo)
   Mi madre y yo hemos engordado un poco este verano.

4 **Todavía no** Rewrite the sentences to say that these things have not yet been done. Use the present perfect.

modelo
Su prima no va al gimnasio.
Su prima todavía no ha ido al gimnasio.

1. Pedro y Natalia no nos dan las gracias.
   Pedro y Natalia todavía no nos han dado las gracias.
2. Los entrenadores no contestan la pregunta.
   Los entrenadores todavía no han contestado la pregunta.
3. Mi amigo Pablo no hace ejercicio.
   Mi amigo Pablo todavía no ha hecho ejercicio.
4. Esas chicas no levantan pesas.
   Esas chicas todavía no han levantado pesas.
5. Tú no estás a dieta.
   Tú todavía no has estado a dieta.
6. Rosa y yo no sufrimos muchas presiones.
   Rosa y yo todavía no hemos sufrido muchas presiones.

Nombre ______________________ Fecha ______________________

6.2 The past perfect

1 **Vida nueva** Complete this paragraph with the past perfect forms of the verbs in parentheses.

Antes del accidente, mi vida (1) había sido (ser) tranquila y sedentaria. Hasta ese momento, (yo) siempre (2) había mirado (mirar) mucho la televisión y (3) había comido (comer) en exceso. Nada malo me (4) había pasado (pasar) nunca. El día en que pasó el accidente, mis amigos y yo nos (5) habíamos encontrado (encontrar) para ir a nadar en un río. Nunca antes (6) habíamos/había ido (ir) a ese río. Cuando llegamos, entré de cabeza al río. (Yo) No (7) había visto (ver) las rocas (*rocks*) que había debajo del agua. Me di con (*I hit*) las rocas en la cabeza. Mi hermana, que (8) había ido (ir) con nosotros al río, me sacó del agua. Todos mis amigos se (9) habían quedado (quedar) fuera del agua cuando vieron lo que me pasó. Me llevaron al hospital. En el hospital, los médicos me dijeron que yo (10) había tenido (tener) mucha suerte. (Yo) No me (11) había lastimado (lastimar) demasiado la espalda, pero tuve que hacer terapia (*therapy*) física por muchos meses. (Yo) Nunca antes (12) me había preocupado (preocuparse) por estar en buena forma, ni (13) había querido (querer) ir al gimnasio. Ahora hago gimnasia y soy una persona activa, flexible y fuerte.

2 **Nunca antes** Rewrite the sentences to say that these people had never done these things before.

modelo

Julián se compró un coche nuevo.
Julián nunca antes se había comprado un coche nuevo.

1. Tu novia fue al gimnasio por la mañana.
   Tu novia nunca antes había ido al gimnasio por la mañana.
2. Carmen corrió en el maratón de la ciudad.
   Carmen nunca antes había corrido en el maratón de la ciudad.
3. Visité los países de Suramérica.
   Nunca antes había visitado los países de Suramérica.
4. Los estudiantes escribieron trabajos de veinte páginas.
   Los estudiantes nunca antes habían escrito trabajos de veinte páginas.
5. Armando y Cecilia esquiaron en los Andes.
   Armando y Cecilia nunca antes habían esquiado en los Andes.
6. Luis y yo tenemos un perro en casa.
   Luis y yo nunca antes habíamos tenido un perro en casa.
7. Condujiste el coche de tu papá.
   Nunca antes habías conducido el coche de tu papá.
8. Ramón y tú nos prepararon la cena.
   Ramón y tú nunca antes nos habían preparado la cena.

Lección 6

3 **Ya había pasado** Combine the sentences, using the preterite and the past perfect tenses.

modelo

Elisa pone la televisión. Jorge ya se ha despertado.
Cuando Elisa puso la televisión, Jorge ya se había despertado.

1. Lourdes llama a Carla. Carla ya ha salido.
   Cuando Lourdes llamó a Carla, Carla ya había salido.
2. Tu hermano vuelve a casa. Ya has terminado de cenar.
   Cuando tu hermano volvió a casa, ya habías terminado de cenar.
3. Llego al gimnasio. La clase de yoga ya ha empezado.
   Cuando llegué al gimnasio, la clase de yoga ya había empezado.
4. Ustedes nos buscan en casa. Ya hemos salido.
   Cuando ustedes nos buscaron en casa, ya habíamos salido.
5. Salimos a la calle. Ya ha empezado a nevar.
   Cuando salimos a la calle, ya había empezado a nevar.
6. Ellos van al centro comercial. Las tiendas ya han cerrado.
   Cuando ellos fueron al centro comercial, las tiendas ya habían cerrado.
7. Lilia y Juan encuentran las llaves. Raúl ya se ha ido.
   Cuando Lilia y Juan encontraron las llaves, Raúl ya se había ido.
8. Preparas el almuerzo. Yo ya he comido.
   Cuando preparaste el almuerzo, yo ya había comido.

4 **Rafael Nadal** Write a paragraph about the things that Rafael Nadal had achieved by age 18. Use the phrases from the word bank with the past perfect. Start each sentence with **Ya**. The first one has been done for you.

empezar a jugar al tenis profesionalmente	jugar en torneos del Grand Slam
ganar un torneo Masters Series	recibir miles de dólares
ingresar a la lista de los 100 mejores jugadores de la ATP	ser el campeón (*champion*) de la Copa Davis

Cuando tenía 18 años, Rafael Nadal ya había empezado a jugar al tenis profesionalmente.

Ya había ganado un torneo Masters Series. Ya había ingresado a la lista de los 100 mejores jugadores de la ATP. Ya había jugado en torneos del Grand Slam. Ya había recibido miles de dólares. Ya había sido el campeón de la Copa Davis.

Nombre ____________ Fecha ____________

Lección 6

6.3 The present perfect subjunctive

1 **¡No estoy de acuerdo!** Your friend Lisa is contradicting everything you say. Using the present perfect subjunctive, complete her statements.

modelo

—He perdido las llaves muchas veces.
—No es verdad *que hayas perdido las llaves muchas veces.*

1. —Éste ha sido tu mejor año. —No estoy segura de que éste haya sido mi mejor año.
2. —El ejercicio le ha aliviado el estrés. —Dudo que el ejercicio le haya aliviado el estrés.
3. —Rafael y tú han sufrido muchas presiones. —Niego que Rafael y yo hayamos sufrido muchas presiones.
4. —El gobierno ha estudiado el problema. —Es improbable que el gobierno haya estudiado el problema.
5. —Ustedes han sido muy buenos amigos siempre. —No es cierto que (nosotros) hayamos sido muy buenos amigos siempre.
6. —Has hecho todo lo que pudiste. —No es seguro que (yo) haya hecho todo lo que pude.

2 **De acuerdo** Lisa is in a better mood today and says everything you are thinking. Write her thoughts on these topics, using the expressions provided and the present perfect subjunctive.

modelo

Marina ha disfrutado de su dieta / improbable
Es improbable que Marina haya disfrutado de su dieta.

1. Muchas niñas han estado a dieta / terrible
   Es terrible que muchas niñas hayan estado a dieta.
2. Ustedes no han llevado una vida sana hasta ahora / triste
   Es triste que ustedes no hayan llevado una vida sana hasta ahora.
3. Los jugadores no han hecho ejercicios de estiramiento / una lástima
   Es una lástima que los jugadores no hayan hecho ejercicios de estiramiento.
4. Nosotros hemos aumentado de peso este verano / probable
   Es probable que nosotros hayamos aumentado de peso este verano.
5. Algunos doctores del hospital han fumado en público / ridículo
   Es ridículo que algunos doctores del hospital hayan fumado en público.
6. Mi papá no ha engordado más / me alegro de
   Me alegro de que mi/tu papá no haya engordado más.
7. Nunca he aliviado el estrés en mi trabajo / siento
   Siento que nunca haya/hayas aliviado el estrés en mi/tu trabajo.
8. Tú y tu amiga se han mantenido en forma / qué bueno
   Qué bueno que tú y tu amiga se hayan mantenido en forma.

Nombre Fecha

Lección 6

3 **La telenovela** Write a paragraph telling your best friend how glad you are that these things happened on the soap opera you both watch. Start each sentence with **Me alegro**. The first one has been done for you.

la vecina / poner la televisión	Alejandro y Leticia / ganar la lotería
Ligia Elena / separarse de Luis Javier	los padres de Juliana / encontrar la carta de amor
la boda de Gema y Fernando / ser tan elegante	(tú) / contarme lo que pasó ayer
Ricardo / conocer a Diana Carolina	(nosotros) / poder ver esta telenovela

Me alegro de que la vecina haya puesto la televisión. Me alegro de que Ligia Elena se haya separado de Luis Javier. Me alegro de que la boda de Gema y Fernando haya sido tan elegante. Me alegro de que Ricardo haya conocido a Diana Carolina. Me alegro de que Alejandro y Leticia hayan ganado la lotería. Me alegro de que los padres de Juliana hayan encontrado la carta de amor. Me alegro de que me hayas contado lo que pasó ayer. Me alegro de que hayamos podido ver esta telenovela.

Síntesis

On another sheet of paper, write an autobiographical essay about your time in school. Address:

- things that you have done that you are proud of and things you are embarrassed about. Use the present perfect.
- things that you had done by age eight or by age sixteen. Use the past perfect.

Use expressions such as **me alegro**, **me sorprende**, **siento**, **es una lástima**, **es triste**, **es extraño**, and **es ridículo** and the present perfect subjunctive. Cover such topics as academic and extracurricular achievements and failures, as well as achievements and failures in your social life.

Answers will vary.

Nombre ______________________ Fecha ______________________

Lección 6

panorama

Bolivia

1 **Información de Bolivia** Complete these sentences with information about Bolivia.

1. El área de Bolivia es igual al área total de Francia y España.
2. Las personas de ascendencia indígena y europea representan la tercera parte de la población.
3. Un 70% de la población boliviana vive en el altiplano.
4. La moneda de Bolivia es el peso boliviano.
5. Los tres idiomas que se hablan en Bolivia son el español, el aimará y el quechua.
6. El lago navegable más alto del mundo es el lago Titicaca.
7. El aeropuerto de La Paz se encuentra a 4.061 metros de altura.
8. Tiahuanaco es el nombre de unas ruinas y significa "Ciudad de los dioses".
9. Se cree que Tiahuanaco fue fundado por los antepasados de los indígenas aimará/los aimará.
10. La Puerta del Sol es un impresionante monumento que pesa unas 10 toneladas.

2 **¿Cierto o falso?** Indicate whether these statements are **cierto** or **falso**. Correct the false statements.

1. Bolivia tiene dos ciudades capitales diferentes.

   Cierto.
2. Jesús Lara fue un pintor y político boliviano.

   Falso. Jesús Lara fue un escritor boliviano.
3. Bolivia tiene una costa en el océano Pacífico.

   Falso. Bolivia no tiene costas (en el mar).
4. El lago Titicaca es el lago más grande de Suramérica.

   Falso. El lago Titicaca es el segundo lago más grande de Suramérica.
5. Según la mitología aimará, los hijos del dios Sol fundaron su imperio.

   Falso. Según la mitología inca, los hijos del dios Sol fundaron su imperio.
6. La música andina es el aspecto más conocido del folclore boliviano.

   Cierto.
7. Bolivia limita (*borders*) con Colombia, Perú y Brasil.

   Falso. Bolivia limita con Perú, Brasil, Paraguay, Argentina y Chile.
8. Se piensa que los antepasados de los indígenas aimará fundaron Tiahuanaco hace 15.000 años.

   Cierto.

Nombre ______ Fecha ______

Lección 6

3 **Términos bolivianos** Fill in the blanks with the terms described.

1. quechua y aimará Son grupos indígenas que constituyen más de la mitad de la población de Bolivia.

2. La Paz Es la sede del gobierno de Bolivia.

3. Santa Cruz de la Sierra Es la primera ciudad de Bolivia en número de habitantes.

4. Víctor Paz Estenssoro Fue un político y presidente boliviano.

5. música andina Tipo de música compartida por Bolivia, Perú, Ecuador, Chile y Argentina. Es música popular de origen indígena.

6. Los Kjarkas Es un grupo boliviano de música andina que lleva más de treinta años actuando en los escenarios internacionales.

4 **Letras desordenadas** Unscramble the words according to the clues.

1. IICTATCA Titicaca
(el segundo lago más grande de Suramérica)

2. BHABCMOCAA Cochabamba
(ciudad boliviana)

3. AUQHCUE quechua
(uno de los idiomas oficiales de Bolivia)

4. OLAZCSAA Casazola
(apellido de una poeta boliviana)

5. SOL HSSCKIA Los Chaskis
(grupo argentino de música andina)

6. URECS Sucre
(ciudad sede del Tribunal Supremo)

7. AEOMNLERCI ceremonial
(tipo de centro que fue Tiahuanaco)

8. AALSKAASAY Kalasasaya
(templo de las ruinas de Tiahuanaco)

Nombre ______________________ Fecha ______________________

repaso

Lecciones 4–6

1 **¿Subjuntivo o indicativo?** Write sentences, using the elements provided and either the subjunctive or the indicative, depending on the cues and context.

1. Jorge / esperar / su madre / conseguir un trabajo pronto

   Jorge espera que su madre consiga un trabajo pronto.

2. (nosotros) / no negar / la clase de matemáticas / ser difícil

   No negamos que la clase de matemáticas es difícil.

3. ser imposible / una casa nueva / costar tanto dinero

   Es imposible que una casa nueva cueste tanto dinero.

4. ustedes / alegrarse / la fiesta / celebrarse cerca de su casa

   Ustedes se alegran de que la fiesta se celebre cerca de su casa.

5. ser una lástima / Laura / no poder venir con nosotros

   Es una lástima que Laura no pueda venir con nosotros.

2 **En la escuela** You and your friends talk about the things you should or should not do to make the school experience a affirmative one. Use affirmative or negative **nosotros/as** commands to write logical sentences.

1. prepararse para todas las clases

   Preparémonos para todas las clases.

2. tomar solamente media hora para almorzar

   (No) Tomemos solamente media hora para almorzar.

3. estudiar horas extras si es necesario

   Estudiemos horas extras si es necesario.

4. llegar tarde por las mañanas

   No lleguemos tarde por las mañanas.

5. ser amables con los nuevos estudiantes

   Seamos amables con los nuevos estudiantes.

3 **Las conjunciones** Use the subjunctive or the indicative of the verbs in parentheses.

1. No quiero llegar a la fiesta después de que Marcelo ___se vaya___ (irse).
2. Alicia siempre se levanta en cuanto ___suena___ (sonar) el despertador.
3. No beban ese vino a menos que ___sea___ (ser) una ocasión especial.
4. Olga y Lisa tocan a la puerta hasta que su madre las ___oye___ (oír).
5. Cuando (tú) ___llames___ (llamar) a la oficina, pregunta por Gustavo.
6. Lilia llega a los lugares sin que nadie le ___diga___ (decir) cómo llegar.

Nombre ______________________ Fecha ______________________

4 **Hemos dicho** Complete the sentences with the present perfect indicative, past perfect indicative, or present perfect subjunctive of the verbs in parentheses. Use the English cues to decide on the tense.

1. El entrenador (*has given*) ha dado (dar) muchas clases de ejercicios aeróbicos antes.
2. Nosotros nunca antes (*had passed*) habíamos pasado (pasar) por esta parte de la ciudad.
3. Quiero conocer a alguien que (*has studied*) haya estudiado (estudiar) psicología.
4. En la clase de literatura, ustedes (*have read*) han leído (leer) varias novelas interesantes.
5. Mi madre nos (*had heard*) había oído (oír) decir antes que queríamos una motocicleta.
6. Necesitas hablar con personas que (*have been*) hayan estado (estar) en Cuba.

5 **Los países** Use the past participles of the verbs from the word bank to complete the sentences about the countries in **Panorama**. Use each verb only once.

compartir	convertir	fundar	llamar	nacer
conectar	escribir	hacer	mantener	reflejar

1. En Colombia, los objetos de oro precolombino estaban hechos con un gran cuidado.
2. Las creencias (*beliefs*) de los indígenas colombianos sobre el oro están reflejadas en sus objetos.
3. *Cien años de soledad* está escrito en el estilo literario del "realismo mágico".
4. Nacido en Caracas, el científico Baruj Benacerraf ganó el Premio Nobel en 1980.
5. Desde los años cincuenta, Caracas se ha convertido en una ciudad cosmopolita.
6. El interior de Venezuela está conectado con Caracas por carreteras y autopistas.
7. Simón Bolívar, llamado "El Libertador", fue el líder de la independencia suramericana.
8. Los grupos quechua y aimará de Bolivia han mantenido sus culturas y lenguas.
9. La música andina es compartida por Bolivia, Perú, Ecuador, Chile y Argentina.
10. Se piensa que el centro ceremonial de Tiahuanaco, en Bolivia, fue fundado hace 15.000 años.

6 **Los derechos civiles** On another sheet of paper, write a brief paragraph in Spanish about a minority group in the U.S., using these questions as a guide: Answers will vary.

- What injustices or unfair conditions has this group suffered in the past?
- What were the lives of the members of this group like in the past?
- What are your opinions about the injustices that occurred?
- What are some advances that this group has made? Under what conditions do the members of this group live today?
- What do you hope for the future of this group?
- What should we as a society do about the disadvantaged status of many minority groups?

Nombre ____________ Fecha ____________

contextos

Lección 7

1 El anuncio

El anuncio Answer the questions about this help-wanted ad, using complete sentences.

Answers may vary slightly. Suggested answers:

EMPRESA MULTINACIONAL BUSCA:
• Contador • Gerente • Secretario

Salarios varían según la experiencia. Seguro[1] de salud, plan de jubilación[2] 401(k), dos semanas de vacaciones.

Enviar currículum y carta de presentación por fax o por correo electrónico para concertar[3] una entrevista con el Sr. Martínez.

[1] *Insurance* [2] *retirement* [3] *schedule*

1. ¿Cuántos puestos hay?
   Hay tres puestos.
2. ¿Cuáles son los sueldos?
   Los sueldos varían según la experiencia.
3. ¿Qué beneficios ofrece la empresa?
   Los beneficios que ofrece la empresa son seguro de salud, plan de jubilación 401(k) y dos semanas de vacaciones.
4. ¿Qué deben enviar los aspirantes?
   Los aspirantes deben enviar su currículum y una carta de presentación.
5. ¿Quién es el señor Martínez?
   El señor Martínez es el entrevistador.
6. ¿Dice el anuncio que hay que llenar una solicitud?
   No, el anuncio no dice que hay que llenar una solicitud.

2 Vida profesional

Vida profesional Complete the paragraph with items from the word bank.

anuncio	aspirante	currículum	entrevista	éxito	profesión	renunciar
ascenso	beneficios	empresa	entrevistadora	obtener	puesto	salario

Vi el (1) anuncio en Internet. Se necesitaban personas para un (2) puesto de editora en una pequeña (3) empresa que se encontraba en el centro de la ciudad. Preparé mi (4) currículum con mucha atención y lo envié por correo electrónico. Esa tarde me llamó la (5) entrevistadora, que se llamaba la señora Piñeda. Me dijo que el (6) salario que ofrecían no era demasiado alto, pero que los (7) beneficios, como el seguro de salud, eran excelentes. Era una buena oportunidad para (8) obtener experiencia. Fui a la oficina al día siguiente para tener una (9) entrevista. Había otro (10) aspirante en la sala de espera cuando llegué. Ese día decidí (11) renunciar a mi trabajo anterior (*previous*) y desde entonces ejerzo (*I practice*) la (12) profesión de editora. ¡He tenido mucho (13) éxito!

3 **Una es diferente** Fill in the blank with the word that does not belong in each group.

1. ocupación, reunión, oficio, profesión, trabajo reunión
2. pintor, psicólogo, maestro, consejero pintor
3. arquitecta, diseñadora, pintora, bombera bombera
4. invertir, currículum, corredor de bolsa, negocios currículum
5. sueldo, beneficios, aumento, renunciar, ascenso renunciar
6. puesto, reunión, entrevista, videoconferencia puesto

4 **Las ocupaciones** Fill in the blanks with the profession of the person who would make each statement.

1. "Decido dónde poner los elementos gráficos de las páginas de una revista".
   el/la diseñador(a)
2. "Ayudo a las personas a resolver sus problemas. Hablan conmigo y buscamos soluciones".
   el/la psicólogo/a
3. "Defiendo a mis clientes y les doy consejos legales".
   el/la abogado/a
4. "Investigo las cosas que pasan y escribo artículos sobre los eventos".
   el/la reportero/a
5. "Les doy clases a los niños en la escuela".
   el/la maestro/a
6. "Hago experimentos y publico los resultados en una revista".
   el/la científico/a

5 **¿Quién lo usa?** Label each drawing with the profession associated with the objects.

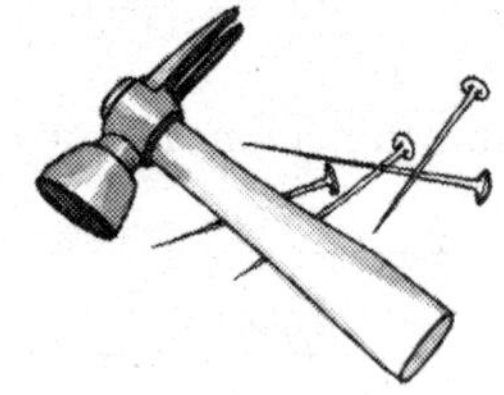

1. el/la carpintero/a

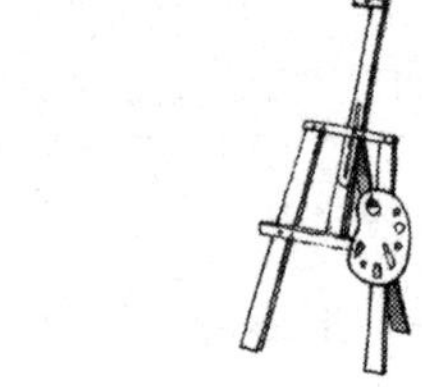

2. el/la pintor(a)

3. el/la peluquero/a

4. el/la bombero/a

Nombre Fecha

estructura

7.1 The future

1 **Preguntas** One of your classmates asks a lot of questions. Answer his or her questions with the future tense and the words in parentheses.

modelo

¿Qué vas a hacer hoy? (la tarea)
Haré la tarea hoy.

1. ¿Cuándo vamos al partido de béisbol? (el jueves)
Iremos al partido de béisbol el jueves.
2. ¿Cuántas personas va a haber en la clase de historia? (treinta)
Habrá treinta personas en la clase de historia.
3. ¿A qué hora vas a venir a mi casa? (a las cuatro)
Vendré a tu casa a las cuatro.
4. ¿Qué va a ser tu hermano? (arquitecto)
Mi hermano será arquitecto.
5. ¿Con quién va a salir Juan? (Amanda)
Juan saldrá con Amanda.
6. ¿Quiénes van a estar en la fiesta del viernes? (muchos amigos)
Muchos amigos estarán en la fiesta del viernes.

2 **A los 30 años** Some friends in their late teens are talking about what they think they will be doing when they turn 30 years old. Complete the conversation with the correct form of the verbs in parentheses.

LETI Cuando tenga 30 años (1) seré (ser) una arqueóloga famosa. Yo (2) sabré (saber) mucho sobre las ruinas indígenas muy importantes.

SERGIO Yo (3) tendré (tener) un programa de viajes en la televisión. Mi cámara de video y yo (4) visitaremos (visitar) lugares hermosos y muy interesantes.

SUSI Entonces (tú) (5) vendrás (venir) a visitarme a mi restaurante de comida caribeña que (6) abriré (abrir) en Santo Domingo, ¿verdad? *El Sabor Dominicano* (7) tendrá (tener) los mejores platos tradicionales y otros creados (*created*) por mí.

SERGIO Claro que sí, (8) iré (ir) a comer las especialidades y (9) lo recomendaré (recomendarlo) a mis telespectadores (*viewers*). También (tú y yo) (10) podremos (poder) visitar a Leti en sus expediciones.

LETI Sí, Susi (11) cocinará (cocinar) platos exóticos en medio de la selva y todos nosotros (12) disfrutaremos (disfrutar) de su deliciosa comida.

Nombre ______________________ Fecha ______________________

3 **Será así** Rewrite each sentence to express probability with the future tense. Each sentence should start with a verb in the future tense.

modelo

Creemos que se llega por esta calle.
Se llegará por esta calle.

1. Es probable que sea la una de la tarde.
   Será la una de la tarde.
2. Creo que ellas están en casa.
   Estarán en casa.
3. Estamos casi seguros de que va a nevar hoy.
   Nevará hoy.
4. Es probable que ellos vayan al cine luego.
   Irán al cine luego.
5. Creo que estamos enfermos.
   Estaremos enfermos.

4 **Fin de semana entre amigos** Rosa, one of your friends, is telling you about some of the activities she has planned for this weekend. Write complete sentences to describe each image. Then keep using the future tense to write two activities that you will do this weekend.
Answers will vary.

sábado por la mañana / nosotros

1. ______________________

después / ustedes

2. ______________________

mientras / yo

3. ______________________

por la noche / Julio, Lisa y Cata

4. ______________________

domingo por la mañana / yo

5. ______________________

domingo por la tarde / nosotros

6. ______________________

7. ______________________

8. ______________________

Lección 7

Nombre ____________________ Fecha ____________________

7.2 The future perfect

1 **Optimista** Miguel is answering an e-mail from his friend Jorge. Answer Jorge's questions, saying that the people will have already done these things by the time indicated. Use the future perfect.

modelo
¿Me enviarás un mensaje cuando llegues a Mérida?
No, ya te habré enviado un mensaje cuando llegue a Mérida.

1. ¿Encontrarás un trabajo cuando te gradúes?
   No, ya habré encontrado un trabajo cuando me gradúe.
2. ¿Le comprarás un regalo a Maru cuando te paguen?
   No, ya le habré comprado un regalo a Maru cuando me paguen.
3. ¿Escribirá el Sr. Díaz una novela cuando se jubile?
   No, el Sr. Díaz ya habrá escrito una novela cuando se jubile.
4. ¿Harás los preparativos para ir a España cuando termine el año escolar (*school year*)?
   No, ya habré hecho los preparativos para ir a España cuando termine el año escolar.
5. ¿Llenará David la solicitud cuando llegue a la entrevista?
   No, David ya habrá llenado la solicitud cuando llegue a la entrevista.
6. ¿Olvidaré a mi ex novia cuando me vaya de vacaciones?
   No, ya habrás olvidado a tu ex novia cuando te vayas de vacaciones.

2 **¿Lo habrá hecho?** You expected these people to do something, and you're wondering if they have done it. Use the future perfect to ask yourself if they will have done it.

modelo
Le dije a Marcia que Pedro iba a llegar tarde. (esperar)
¿Lo habrá esperado?

1. Alma le dio el artículo a Javier. (leer)
   ¿Lo habrá leído?
2. Le dejé un sándwich a mi sobrino para el almuerzo. (comer)
   ¿Lo habrá comido?
3. Mariela quería una falda nueva. (comprar)
   ¿La habrá comprado?
4. Rita iba a recoger a Julio al aeropuerto. (hacer)
   ¿Lo habrá hecho?
5. Ellas sí saben la verdad. (decir)
   ¿La habrán dicho?
6. Benito no fue a la oficina por una semana. (despedir)
   ¿Lo habrán despedido?

Lección 7

7.3 The past subjunctive

1 **Si pudiera** Complete the sentences with the past subjunctive forms of the verbs in parentheses.

1. El arqueólogo se alegró de que todos ___hicieran___ (hacer) tantas preguntas.
2. Mi madre siempre quiso que yo ___estudiara___ (estudiar) arquitectura.
3. Te dije que cuando (tú) ___fueras___ (ir) a la entrevista, llevaras tu currículum.
4. Tal vez no fue una buena idea que nosotros le ___escribiéramos___ (escribir) esa carta.
5. Era una lástima que su esposo ___tuviera___ (tener) que trabajar tanto.
6. Luisa dudaba que ese empleo ___fuera___ (ser) su mejor alternativa.
7. Era probable que Francisco ___se llevara___ (llevarse) mal con sus jefes.
8. Laura buscaba intérpretes que ___supieran___ (saber) hablar inglés.
9. Ustedes no estaban seguros de que el gerente ___conociera___ (conocer) al contador.
10. Fue extraño que Daniela y tú ___solicitaran___ (solicitar) el mismo puesto.

2 **Si...** Daniel is talking to himself about the things that would make him happier. Complete his statements with the past subjunctive form of the verbs in parentheses. Then draw a portrait of yourself and write five sentences describing things that would make you happier. Try to use as many singular and plural forms as you can.

Sería (*I would be*) más feliz si...

1. (yo) ___viera___ (ver) a mi novia todos los días.
2. mis abuelos ___vinieran___ (venir) a mi ciudad a visitarme.
3. mi novia ___quisiera___ (querer) hacer un viaje conmigo.
4. (yo) ___tuviera___ (tener) una computadora más moderna.
5. mis nuevos amigos y yo ___viajáramos___ (viajar) juntos otra vez.

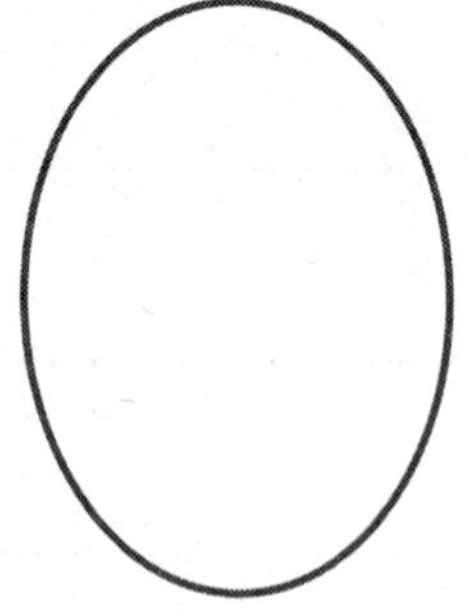

Sería más feliz si... Answers will vary.

6. ______
7. ______
8. ______
9. ______
10. ______

Lección 7

Nombre ____________________ Fecha ____________________

3 **Chisme (*gossip*)** You overhear some coworkers gossiping about what's going on in the office, and they don't always agree. Complete their conversation so that the second sentence says the opposite of the first one.

modelo
Nadie dudaba que el candidato era muy bueno.
Nadie estaba seguro de que ***el candidato fuera muy bueno.***

1. Nadie dudaba que el ascenso de Andrés fue justo (*fair*).

   No estabas seguro de que el ascenso de Andrés fuera justo.

2. Era obvio que todos los participantes sabían usar las computadoras.

   No fue cierto que todos los participantes supieran usar las computadoras.

3. Raquel estaba segura de que las reuniones no servían para nada.

   Pablo dudaba que las reuniones no sirvieran para nada.

4. Fue cierto que Rosa tuvo que ahorrar mucho dinero para invertirlo.

   No fue verdad que Rosa tuviera que ahorrar mucho dinero para invertirlo.

5. No hubo duda de que la videoconferencia fue un desastre (*disaster*).

   Tito negó que la videoconferencia fuera un desastre.

6. No negamos que los maestros recibieron salarios bajos.

   La directora negó que los maestros recibieran salarios bajos.

4 **El trabajo** Complete the conversation with the past subjunctive, the preterite, or the imperfect of the verbs in parentheses as appropriate.

MARISOL ¡Hola, Pepe! Me alegré mucho de que (tú) (1) consiguieras (conseguir) el trabajo de arquitecto.

PEPE Sí, aunque fue una lástima que (yo) (2) tuviera (tener) que renunciar a mi puesto anterior.

MARISOL No dudé que (3) fue (ser) una buena decisión.

PEPE No estaba seguro de que este puesto (4) fuera (ser) lo que quería, pero está muy bien.

MARISOL Estoy segura de que (tú) (5) hiciste (hacer) muy bien la entrevista.

PEPE Me puse un poco nervioso, sin que eso (6) afectara (afectar) mis respuestas.

MARISOL Sé que ellos necesitaban a alguien que (7) tuviera (tener) tu experiencia.

PEPE Es verdad que ellos (8) necesitaban (necesitar) a muchas personas para la oficina nueva.

Síntesis

Write a two-part plan for your future.

- For the first part, write all of the things that you plan or wish to do with your life, using the future tense. Decide which things you will have accomplished by what age, using the future perfect. For example, "**A los veinticinco años, ya habré terminado la maestría** (*Master's degree*) **en negocios**".
- For the second part, imagine that you are elderly and reflecting on your life. What do you think of your accomplishments? At the time, what were you glad about, sorry about, scared about, annoyed about, and unsure about? What did you hope for and what did you deny yourself at the time? Use the preterite and the imperfect with the past subjunctive to write the story of your life.

Answers will vary.

Nombre ____________ Fecha ____________

panorama

Nicaragua

1 **Datos nicaragüenses** Complete the sentences with information about Nicaragua.

1. Nicaragua, del tamaño (*size*) de Nueva York, es el país más grande de Centroamérica.
2. Managua es inestable geográficamente, con muchos volcanes y terremotos.
3. Las huellas de Acahualinca son uno de los restos prehistóricos más famosos y antiguos de Nicaragua.
4. Desde joven, Ernesto Cardenal trabajó por establecer la igualdad y la justicia en su país.
5. En los años 60, Cardenal estableció la comunidad artística del archipiélago de Solentiname.
6. Ernesto Cardenal participó en la fundación de la organización Casa de los Tres Mundos.
7. Se cree que la isla Zapatera era un centro ceremonial indígena.
8. El nombre de la isla Ometepe significa "dos montañas" en náhuatl.

2 **El mapa** Label the map of Nicaragua.

1. Honduras
2. Río Grande
3. Managua
4. Lago de Nicaragua
5. Océano Pacífico
6. Costa Rica

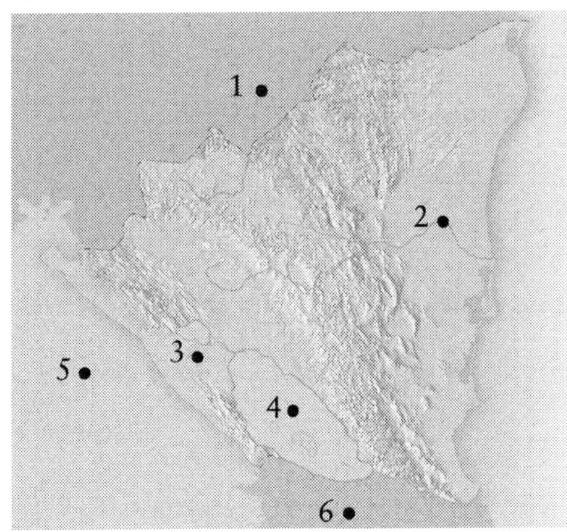

3 **Datos rápidos** Identify the items and people described.

1. capital de Nicaragua Managua
2. moneda nicaragüense córdoba
3. idiomas oficiales de Nicaragua español, lenguas indígenas y criollas
4. poeta nicaragüense nacido en el siglo XIX Rubén Darío
5. política y ex presidenta nicaragüense Violeta Barrios de Chamorro
6. político y presidente nicaragüense Daniel Ortega
7. mujer poeta nicaragüense del siglo XX Gioconda Belli
8. poeta y sacerdote que fue ministro de cultura Ernesto Cardenal

Lección 7

panorama

La República Dominicana

4 **¿Cierto o falso?** Indicate if each statement is **cierto** or **falso**. Then correct the false statements.

1. La República Dominicana y Haití comparten la isla La Española.
   Cierto.
2. La Fortaleza Ozama fue la tercera fortaleza construida en las Américas.
   Falso. La Fortaleza Ozama fue la primera fortaleza construida en las Américas./ La Fortaleza Ozama es la más vieja de las Américas.
3. La República Dominicana fue el primer país hispano en tener una liga de béisbol.
   Falso. Cuba y México fueron los primeros países hispanos en tener una liga de béisbol.
4. Hoy día el béisbol es una afición nacional dominicana.
   Cierto.
5. El merengue es un tipo de música de origen dominicano que tiene sus raíces en el campo.
   Cierto
6. El merengue siempre ha sido popular en las ciudades y ha tenido un tono urbano.
   Falso. Entre 1930 y 1960, el merengue se popularizó en las ciudades y empezó a adoptar un tono más urbano.

5 **Datos dominicanos** Complete the sentences with information about the Dominican Republic.

1. Los idiomas que se hablan en la República Dominicana son el español y el criollo haitiano.
2. Juan Pablo Duarte fue un político dominicano y padre de la patria en el siglo XIX.
3. Las señoras de la corte del Virrey de España paseaban por la Calle de las Damas.
4. El béisbol es un deporte muy practicado en todos los países del mar Caribe.
5. Pedro Martínez y David Ortiz son dos beisbolistas dominicanos exitosos.
6. La tambora es un tambor característico de la República Dominicana.
7. Entre los años 1930 y 1960 se formaron las grandes orquestas de merengue.
8. Uno de los cantantes más famosos de merengue dominicano es Juan Luis Guerra.

6 **En imágenes** Label these photos appropriately.

1. el merengue

2. Catedral de Santa María la Menor

Lección 7

Nombre Fecha

contextos

Lección 8

1 **¿Qué es?** Match each title to a genre.

canción	dibujos animados	obra de teatro	orquesta	poema
danza	festival	ópera	película	programa de entrevistas

1. *Carmen* ópera
2. *Romeo y Julieta* obra de teatro
3. *Jimmy Kimmel Live!* programa de entrevistas
4. *Los Simpson* dibujos animados
5. *El cuervo* (raven) poema
6. *Gravedad* película
7. *El cascanueces* (nutcracker) danza
8. *Feliz Navidad* canción

2 **¿Qué tipo de película es?** Label the type of movie shown on each screen.

1. de vaqueros

2. de ciencia ficción

3. de horror

4. de acción/de aventuras

3 **Los artistas** Fill in each blank with the type of artist who would make the statement.

1. "Escribo obras de teatro para que las presenten al público". dramaturgo/a
2. "Dirijo a las estrellas y las cámaras para hacer películas". director(a)
3. "Trabajo con la computadora o con papel y pluma". escritor(a)
4. "Paso todo el día practicando las notas con mi instrumento". músico/a
5. "Soy muy famosa y estoy en las mejores películas". estrella de cine
6. "Me gusta escribir en versos, con palabras que riman (*rhyme*)". poeta
7. "Hago grandes figuras de piedra de tres dimensiones". escultor(a)
8. "Sigo la música artísticamente con mi cuerpo". bailarín/bailarina
9. "Pienso en la música y luego la escribo". compositor(a)
10. "Mi voz (*voice*) es mi instrumento". cantante

4 **Las artes** Complete the newspaper article with the correct forms of the terms in the word bank.

artesanía	comedia	cultura	festival	moderno
clásico	cuento	escultura	folclórico	poema

Celebración de las artes

El (1) festival artístico de la ciudad comenzó ayer y en él van a participar diferentes cantantes, grupos y orquestas. El viernes por la noche hay un concierto de música (2) clásica de la orquesta sinfónica de la ciudad. Tocarán la *Quinta sinfonía* de Beethoven. El sábado tocarán durante el día varios grupos de música (3) folclórica de diferentes países. Será una oportunidad excelente para conocer más sobre diversas (4) culturas. El sábado por la tarde habrá un espectáculo de baile expresivo, con música (5) moderna. Además se exhibirá en los parques de la ciudad una serie de grandes (6) esculturas al aire libre. Por la noche, en el Teatro Central, varios poetas le leerán sus (7) poemas al público. Finalmente, el domingo habrá una feria (*fair*) de (8) artesanía, donde se venderá cerámica y tejidos hechos a mano.

Nombre ______________________ Fecha ______________________

Lección 8

estructura

8.1 The conditional

1 **Si fuera famoso** Felipe is daydreaming about how his life would be if he were a famous artist. Complete the paragraph with the conditional form of the verbs.

Si yo fuera un artista famoso, creo que (1) sería (ser) pintor; (2) pintaría (pintar) cuadros llenos de vida. Pero... no sé, también (3) podría (poder) ser cantante, (4) tendría (tener) una banda de rock y juntos (5) viajaríamos (viajar) por el mundo dando conciertos... Ahhh, mejor (6) querría (querer) ser poeta, mi musa Lola y yo (7) viviríamos (vivir) en una villa y las personas (8) escucharían (escuchar) mis poemas en el Teatro de la Ópera en Milán. Creo que Lola (9) sería (ser) una bailarina extraordinaria; (10) bailaría (bailar) en los teatros más importantes, y por supuesto, yo (11) iría (ir) con ella... Sin embargo, Lola y yo (12) podríamos (poder) ser muy buenos actores; nuestro público (13) aplaudiría (aplaudir) con entusiasmo en cada obra de teatro...

2 **La entrevista** Isabel is going to interview a local author for an article in her school newspaper. She e-mailed her English teacher for advice. Rewrite the teacher's advice in a paragraph, using the conditional of the verbs. The first sentence has been done for you.

buscar información en la biblioteca	grabar la entrevista
leer artículos de revista sobre la escritora	darle las gracias a la escritora
estudiar los cuentos de la escritora	al llegar a casa, transcribir la entrevista
preparar las preguntas antes de la entrevista	entonces, escribir el artículo
vestirse de forma profesional	mostrárselo a la escritora antes de publicarlo
llegar temprano a casa de la escritora	sentirse muy orgullosa de su trabajo

Buscaría información en la biblioteca. Leería artículos de revista sobre la escritora. Estudiaría los cuentos de la escritora. Prepararía las preguntas antes de la entrevista. Me vestiría de forma profesional. Llegaría temprano a casa de la escritora. Grabaría la entrevista. Le daría las gracias a la escritora. Al llegar a casa, transcribiría la entrevista. Entonces, escribiría el artículo. Se lo mostraría a la escritora antes de publicarlo. Me sentiría muy orgullosa de mi trabajo.

3 **Los buenos modales (*manners*)** Rewrite these commands with the conditional tense.

modelo
Termina el trabajo hoy antes de irte.
¿Terminarías el trabajo hoy antes de irte, por favor?

1. Tráigame una copa de vino. ¿Me traería una copa de vino, por favor?
2. Llama a Marcos esta tarde. ¿Llamarías a Marcos esta tarde, por favor?
3. Encuéntreme un pasaje barato. ¿Me encontraría un pasaje barato, por favor?
4. Pide una toalla más grande. ¿Pedirías una toalla más grande, por favor?
5. Vengan a trabajar el sábado y el domingo. ¿Vendrían a trabajar el sábado y el domingo, por favor?
6. Búscame en mi casa a las ocho. ¿Me buscarías en mi casa a las ocho, por favor?

4 **En el teatro** You and your friends are out for a night at the theater. React to each description of what happened by asking a question, using the conditional tense and the cues provided.

modelo
Adriana se durmió durante la película. (dormir bien anoche)
¿Dormiría bien anoche?

1. Natalia se fue temprano. (salir para ver otra obra de teatro)
   ¿Saldría para ver otra obra de teatro?
2. No encontré los boletos. (poner los boletos en mi cartera)
   ¿Pondría los boletos en mi cartera?
3. Luz no fue al teatro. (tener otras cosas que hacer)
   ¿Tendría otras cosas que hacer?
4. Jaime e Isabel conocieron a los actores y actrices en una fiesta. (invitarlos el director)
   ¿Los invitaría el director?

5 **Eso pensamos** Write sentences with the elements provided and the conditional of the verbs in parentheses.

modelo
Nosotros pensamos (ustedes / tener tiempo para ver el espectáculo)
Nosotros pensamos que ustedes tendrían tiempo para ver el espectáculo.

1. Yo pensaba (el museo y el teatro / estar cerrados los domingos)
   Yo pensaba que el museo y el teatro estarían cerrados los domingos.
2. Lisa y David dijeron (ese canal / presentar el documental ahora)
   Lisa y David dijeron que ese canal presentaría el documental ahora.
3. Marta creía (sus estrellas de cine favoritas / salir en una nueva película)
   Marta creía que sus estrellas de cine favoritas saldrían en una nueva película.
4. Lola dijo (Ramón / nunca hacer el papel de Romeo)
   Lola dijo que Ramón nunca haría el papel de Romeo.

Nombre ____________________ Fecha ____________________

8.2 The conditional perfect

1 **Pero no fue así** Write sentences with the elements provided. Use the conditional perfect of the verb in the first part of the sentence and the preterite of the verb in the second part.

modelo
Lidia / despertarse a las seis, // no oír el despertador
Lidia se habría despertado a las seis, pero no oyó el despertador.

1. Tomás / ir al cine, // tener que quedarse estudiando
   Tomás habría ido al cine, pero tuvo que quedarse estudiando.
2. (yo) / llamar a Marcela, // no conseguir su número de teléfono
   Habría llamado a Marcela, pero no conseguí su número de teléfono.
3. Antonio y Alberto / tocar bien en el concierto, // practicar poco
   Antonio y Alberto habrían tocado bien en el concierto, pero practicaron poco.
4. (tú) / venir a mi casa, // no encontrar la dirección
   Habrías venido a mi casa, pero no encontraste la dirección.
5. ustedes / conocer a mi novia, // llegar demasiado tarde
   Ustedes habrían conocido a mi novia, pero llegaron demasiado tarde.
6. mis amigos y yo / cenar en tu casa, // comer en el restaurante
   Mis amigos y yo habríamos cenado en tu casa, pero comimos en el restaurante.

2 **Viaje cancelado** You and your friends made plans to spend a week in New York City. However, you weren't able to go. Rewrite the paragraph to say what would have happened, using the conditional perfect. The first sentence has been done for you.

Iremos a ver una ópera famosa. Participaremos en un programa de entrevistas. Será un programa divertido. Mi prima nos conseguirá boletos para un espectáculo de baile. Nos quedaremos en casa de mis tíos. Conoceré al novio de mi prima. Mis tíos nos mostrarán la ciudad. Visitaremos la Estatua de la Libertad. Veremos a muchos turistas estadounidenses y extranjeros. Llamaré a mis padres para contarles todo. Habrá un festival en la calle. Bailaremos salsa y merengue en una discoteca. El novio de mi prima nos mostrará el documental que hizo. Escucharemos a algunos artistas recitar poemas en un café.

Habríamos ido a ver una ópera famosa. Habríamos participado en un programa de entrevistas. Habría sido un programa divertido. Mi prima nos habría conseguido boletos para un espectáculo de baile. Nos habríamos quedado en casa de mis tíos. Habría conocido al novio de mi prima. Mis tíos nos habrían mostrado la ciudad. Habríamos visitado la Estatua de la Libertad. Habríamos visto a muchos turistas estadounidenses y extranjeros. Habría llamado a mis padres para contarles todo. Habría habido un festival en la calle. Habríamos bailado salsa y merengue en una discoteca. El novio de mi prima nos habría mostrado el documental que hizo. Habríamos escuchado a algunos artistas recitar poemas en un café.

Nombre Fecha

8.3 The past perfect subjunctive

1 **En el pasado** Rewrite the sentences, replacing the subject in italics with the subject in parentheses and adjusting the form of the verb as necessary.

1. Mis padres se alegraron de que *yo* me hubiera graduado. (mi hermano)
   Mis padres se alegraron de que mi hermano se hubiera graduado.
2. Marisol dudó que *nosotras* hubiéramos ido a la fiesta solas. (ustedes)
   Marisol dudó que ustedes hubieran ido a la fiesta solas.
3. Yo no estaba segura de que *mis hermanos* se hubieran despertado. (tú)
   Yo no estaba segura de que tú te hubieras despertado.
4. Todos esperaban que *la conferencia* ya se hubiera acabado. (las clases)
   Todos esperaban que las clases ya se hubieran acabado.
5. La clase empezó sin que *ustedes* hubieran hablado con el profesor. (nosotros)
   La clase empezó sin que nosotros hubiéramos hablado con el profesor.
6. Fue una lástima que *mis amigos* no hubieran invitado a Roberto. (yo)
   Fue una lástima que yo no hubiera invitado a Roberto.

2 **La obra de teatro** Your friends Eva and Tomás are walking home from the theater. Complete the conversation with the past perfect subjunctive form of the verbs.

EVA Ya había visto este espectáculo antes de que me invitaras. De todas maneras, me alegré de que me (1) hubieras invitado (invitar) esta noche.

TOMÁS Si me (2) hubieras dicho (decir), habría cambiado de planes.

EVA Pues no importa. Ya vinimos y estuvo fabuloso. Claro que esperaba que (3) hubieras elegido (elegir) mejores asientos.

TOMÁS Hice lo que pude. La verdad me molestó que en el teatro no me (4) hubieran ofrecido (ofrecer) más opciones. Me quejé (*I complained*) con el administrador, pero él no creía que yo (5) hubiera pagado (pagar) esos boletos tan caros.

EVA Bueno, te creo. Pero esta tarde no me gustó nada que no me (6) hubieras llamado (llamar) antes. Anita me dijo que estabas con tus amigos, que habían ido al estadio...

TOMÁS ¡No es cierto que (7) hubiéramos/hubiera ido (ir) al estadio! Sí estaba con ellos, pero sólo hablamos un rato. Oye, y no me dijiste con quién habías visto el espectáculo...

EVA Lo vi sola. Nadie pudo venir conmigo... Oye, y ¿por qué no invitaste a Paco y a Lulú? Se habrían divertido mucho si (8) hubieran venido (venir) con nosotros.

TOMÁS No creo. Aunque (*Although*) a Paco le (9) hubiera gustado (gustar) la idea, Lulú no habría venido, lo sé. Estuvo insoportable en la boda de mi hermana. ¡Yo no podía creer que se (10) hubiera quedado (quedar) dormida en la mesa!

Nombre Fecha

Lección 8

3 **Las vacaciones** Complete the letter with the past perfect subjunctive of the verbs in parentheses.

3 de mayo

Querida Irma:

Me alegré mucho de que (tú) me (1) hubieras podido (poder) visitar este verano. Además, yo esperaba que (tú) te (2) hubieras quedado (quedar) unos días solamente, pero me alegré cuando supe que te quedarías dos semanas. Si tú (3) hubieras estado (estar) aquí todo el mes, habríamos podido ver más zonas del país. Es probable que la playa de La Libertad te (4) hubiera gustado (gustar) mucho, y también que (tú) (5) hubieras querido (querer) hacer surf. ¡Ojalá (tú) (6) hubieras conocido (conocer) a mi hermano! Es probable que tú y yo nos (7) hubiéramos divertido (divertir) muchísimo con él. ¡Lo habríamos pasado mejor si (tú) (8) hubieras decidido (decidir) quedarte en El Salvador todo el verano!

Hasta pronto. Tu amiga,

Rosa

4 **No, no era cierto** Your best friend Raquel always gets it wrong. Correct her by answering her questions negatively, using the past perfect subjunctive.

modelo

¿Era obvio que ustedes habían dicho una mentira (*lie*)?
No, no era obvio que hubiéramos dicho una mentira.

1. ¿Era verdad que el examen había sido muy difícil?
   No, no era verdad que el examen hubiera sido muy difícil.
2. ¿Estaba Raquel segura de que tu novio había salido con Sofía?
   No, Raquel no estaba segura de que mi novio hubiera salido con Sofía.
3. ¿Era cierto que todas las clases se habían cancelado?
   No, no era cierto que todas las clases se hubieran cancelado.
4. ¿Era obvio que ustedes no habían limpiado la casa?
   No, no era obvio que no hubiéramos limpiado la casa.
5. ¿Estabas segura de que nosotros habíamos almorzado?
   No, no estaba seguro de que ustedes hubieran almorzado/nosotros hubiéramos almorzado.
6. ¿Era cierto que yo había sido la última en llegar a la fiesta?
   No, no era cierto que hubieras sido la última en llegar a la fiesta.

Nombre Fecha

Lección 8

Síntesis

Interview a friend to find out what he or she would do if he or she won ten million dollars on a game show. Then do the following:

- Write a paragraph that describes the things your friend would do. Use the conditional tense.
- Write a paragraph about what you would have done if you were the ten-million-dollar winner. Use both the conditional perfect and the past perfect subjunctive tenses. Answers will vary.

Nombre ______________________ Fecha ______________________

panorama

El Salvador

1 **Datos salvadoreños** Complete the sentences with information about El Salvador.

1. Claribel Alegría es una poeta, novelista y cuentista salvadoreña.
2. El Salvador tiene unos 300 kilómetros de costa en el océano Pacífico.
3. La Libertad es la playa que está más cerca de San Salvador.
4. Las condiciones de La Libertad son perfectas para el surfing.
5. El Parque Nacional Montecristo se conoce también como "El Trifinio".
6. En el Parque Nacional Montecristo se unen Guatemala, Honduras y El Salvador.
7. Los árboles del bosque Montecristo forman una bóveda que el sol no traspasa.
8. Las sorpresas de Ilobasco son pequeñas piezas de cerámica muy populares.

2 **¿Cierto o falso?** Indicate if each statement is **cierto** or **falso**. Then correct the false statements.

1. El Salvador es el país centroamericano más grande y más densamente poblado.
   Falso. El Salvador es el país centroamericano más pequeño y el más densamente poblado.
2. Casi el 90 por ciento de la población salvadoreña es mestiza.
   Cierto.
3. Óscar Romero fue un arzobispo y activista por los derechos humanos.
   Cierto.
4. El pueblo de Ilobasco se ha convertido en un gran centro de surfing.
   Falso. La playa de La Libertad se ha convertido en un gran centro de surfing.
5. El bosque nuboso Montecristo es una zona seca (*dry*).
   Falso. El Parque Nacional Montecristo recibe 200 centímetros de lluvia al año.
6. Los productos tradicionales de Ilobasco son los juguetes, los adornos y los utensilios de cocina.
   Cierto.

3 **Vistas de El Salvador** Label the places in the photos.

1. Chorros de la Calera en Juayúa

2. Ruinas de Tazumal

Nombre ______ Fecha ______

Lección 8

panorama

Honduras

4 **En Honduras** Answer the questions with complete sentences. Answers will vary. Suggested answers:

1. ¿Quiénes son los jicaque, los miskito y los paya?
   Los jicaque, los miskito y los paya son pequeños grupos indígenas que han mantenido su cultura sin influencias exteriores y que no hablan español.
2. ¿Qué idiomas se hablan en Honduras?
   En Honduras se habla español, lenguas indígenas e inglés.
3. ¿Quién fue Argentina Díaz Lozano?
   Argentina Díaz Lozano fue una escritora hondureña.
4. ¿Qué cultura construyó la ciudad de Copán?
   La cultura maya construyó la ciudad de Copán.
5. ¿Para qué eran las canchas de Copán?
   Las canchas de Copán eran para el juego de pelota.
6. ¿Por qué pudo intervenir la Standard Fruit Company en la política hondureña?
   La Standard Fruit Company pudo intervenir en la política hondureña debido al poder económico que tuvo en el país.

5 **Datos hondureños** Briefly describe each person or item. Answers may vary. Suggested answers:

1. El Progreso una de las ciudades principales
2. Carlos Roberto Reina juez y presidente de Honduras
3. Copán ruinas de una ciudad maya y zona arqueológica más importante de Honduras
4. Rosalila templo que se encuentra en Copán
5. José Antonio Velásquez pintor primitivista hondureño
6. las bananas el producto principal de exportación en Honduras

6 **Palabras hondureñas** Identify these people, places, or things.

1. capital de Honduras Tegucigalpa
2. Tegucigalpa, San Pedro Sula, El Progreso, La Ceiba ciudades principales hondureñas
3. moneda hondureña lempira
4. esculturas, cetros, templos, canchas (ruinas de) Copán
5. escritor hondureño Roberto Sosa
6. lugar adonde se empezaron a exportar las bananas hondureñas Nueva Orleáns

Nombre ______________________ Fecha ______________________

contextos

Lección 9

1 **Identificar** Label the numbered items in the drawing.

1. la tormenta
2. el ejército/el soldado
3. la huelga
4. el candidato
5. el discurso
6. la violencia
7. el choque

2 **Una es diferente** Write the word that does not belong in each group.

1. anunciar, comunicarse, luchar, transmitir, informar luchar
2. racismo, sexismo, discriminación, desigualdad, prensa prensa
3. libertad, tornado, huracán, tormenta, inundación libertad
4. locutor, impuesto, ciudadano, político, reportero impuesto
5. crimen, guerra, violencia, derechos, choque derechos
6. diario, noticiero, acontecimiento, artículo, informe acontecimiento

Nombre ____________ Fecha ____________

3 **Crucigrama** Use the clues to complete the crossword puzzle.

Horizontales

1. Sucede cuando un carro golpea (*hits*) a otro carro.
2. Sucede cuando un río se llena demasiado de agua.
4. Es lo opuesto (*opposite*) a la democracia.
5. Se hace para saber quién va a ganar las elecciones.
7. Todos los días puedes leer las noticias en él.

Verticales

1. Quiere ser elegido para un puesto público.
3. Es el dinero que todos pagan al gobierno por lo que ganan.
6. Es una enfermedad del sistema inmune del cuerpo.

4 **La locutora** Complete the newscast with items from the word bank.

candidatos	elecciones	encuestas	noticias	prensa
discursos	elegir	medios de comunicación	noticiero	votar

Buenas tardes, y bienvenidos al (1) noticiero de las cinco. Mañana, un mes antes de las (2) elecciones para la presidencia de los Estados Unidos, será el primer debate entre los (3) candidatos. Ya ellos han pronunciado muchos (4) discursos, y todos hemos escuchado sus opiniones, pero mañana será la primera vez que los candidatos se enfrentan (*face each other*). La (5) prensa internacional está preparada para llevar las últimas noticias a los diarios de todo el mundo. Los (6) medios de comunicación, como la radio y la televisión, estarán bien representados. Las (7) encuestas no indican que alguno de los dos candidatos tenga una ventaja (*lead*) clara. Lo más importante es ver cuántos ciudadanos irán a (8) votar el día de las elecciones. Son ellos los que decidirán a quién van a (9) elegir. Volveremos a las diez de la noche para darles las (10) noticias de la tarde. ¡Los esperamos!

estructura

9.1 Si clauses

1 **Sería así** Complete the sentences with the verbs in parentheses. Use the past subjunctive and the conditional as appropriate.

modelo

Si yo *fuera* (ir) al cine, (yo) *vería* (ver) esa película.

1. Adriana y Claudia adelgazarían (adelgazar) si comieran (comer) menos todos los días.
2. Si Gustavo consiguiera (conseguir) un trabajo mejor, (él) ganaría (ganar) más dinero.
3. Si Gerardo la invitara (invitar), Olga saldría (salir) con él al cine.
4. Alma y yo lavaríamos (lavar) los platos si Alejandra pasara (pasar) la aspiradora.
5. Si (tú) tuvieras (tener) hambre, (tú) podrías (poder) almorzar en la cafetería.
6. Brenda nos vendría (venir) a buscar si (nosotras) estuviéramos (estar) listas a tiempo.
7. Yo iría (ir) a la ópera si ustedes tuvieran (tener) más boletos.
8. Si Pilar y tú quisieran (querer), (nosotros) viajaríamos (viajar) juntos por Suramérica.
9. Ustedes buscarían (buscar) el libro en la librería si (ustedes) no lo encontraran (encontrar) en casa.
10. Si Marcos y María pudieran (poder), (ellos) comprarían (comprar) una casa en mi barrio.

2 **Si fuera así...** Rewrite the sentences to describe a contrary-to-fact situation. Use the past subjunctive and the conditional tenses.

modelo

Si me visitas en Montevideo, te invito a cenar.

Si me visitaras en Montevideo, te invitaría a cenar.

1. Si buscas las llaves en la habitación, las encuentras enseguida.
   Si buscaras las llaves en la habitación, las encontrarías enseguida.
2. La madre de Rodrigo llama al médico si él está enfermo.
   La madre de Rodrigo llamaría al médico si él estuviera enfermo.
3. Si ustedes saludan a Rosa y a Ramón, ellos son muy simpáticos.
   Si ustedes saludaran a Rosa y a Ramón, ellos serían muy simpáticos.
4. Si Luis me invita, voy con él al festival de música folclórica.
   Si Luis me invitara, iría con él al festival de música folclórica.
5. Ana y Elena limpian la cocina y el baño si están sucios.
   Ana y Elena limpiarían la cocina y el baño si estuvieran sucios.
6. Viajo a Uruguay con ustedes si tengo el dinero.
   Viajaría a Uruguay con ustedes si tuviera el dinero.

Lección 9

3 **Si hubiera...** Write complete sentences about the images. Use the conditional perfect and the past perfect subjunctive.

modelo

(él) levantar pesas / mantenerse en forma
Si hubiera levantado pesas, se habría mantenido en forma.

1. (ellos) / levantarse temprano / no tener prisa
   Si se hubieran levantado temprano, no habrían tenido prisa.

2. (yo) hacer ejercicios de estiramiento / no haberse lastimado
   Si hubiera hecho ejercicios de estiramiento, no me habría lastimado.

3. (ustedes) leer el libro / sacar buenas notas en el examen
   Si hubieran leído el libro, habrían sacado buenas notas en el examen.

4. (tú) llegar temprano / recibir un regalo
   Si hubieras llegado temprano, habrías recibido un regalo.

4 **Escribir oraciones** Write sentences with the elements provided to express conditions and events possible or likely to occur. Use the tenses in brackets.

modelo

Si Paco llega temprano / (ustedes / ir al cine) *[future]*
Si Paco llega temprano, ustedes irán al cine.

1. Si quieres comer en mi casa / (tú / llamarme) *[command]*
   Si quieres comer en mi casa, llámame.
2. Si Luisa se enferma / (su novio / llevarla al doctor) *[present]*
   Si Luisa se enferma, su novio la lleva al doctor.
3. Si todos los ciudadanos votan / (el gobierno / ser mejor) *[near future]*
   Si todos los ciudadanos votan, el gobierno va a ser mejor.
4. Si Ana y tú estudian / (ustedes / aprobar el examen) *[future]*
   Si Ana y tú estudian, (ustedes) aprobarán el examen.
5. Si nos levantamos tarde / (nosotras / no llegar al discurso) *[near future]*
   Si nos levantamos tarde, no vamos a llegar al discurso.

Nombre ______________________ Fecha ______________________

9.2 Summary of the uses of the subjunctive

1 **¿Subjuntivo o indicativo?** Choose the correct verbs from the choices in parentheses.

1. Cuando ___vengas___ (vienes, vengas) a buscarme, tráeme la mochila.
2. Nuestros primos nos llamaron después de que su madre se ___casó___ (casó, casara).
3. Ricardo y Elena quieren que ella los llame en cuanto ___llegue___ (llega, llegue).
4. Ustedes se quitaron los abrigos tan pronto como ___pudieron___ (pudieron, pudieran).
5. Ricardo va a correr en el parque hasta que se ___canse___ (cansa, canse).
6. Después de que ___vayamos___ (vamos, vayamos) al cine, quiero comer algo.

2 **¿Infinitivo o subjuntivo?** Rewrite the sentences, using the infinitive or the subjunctive form of the verb in parentheses, as needed.

1. Laura y Germán esperan que la tormenta no (causar) daños (*damage*).
   Laura y Germán esperan que la tormenta no cause daños.
2. Los trabajadores temen (perder) sus derechos.
   Los trabajadores temen perder sus derechos.
3. Nosotros tenemos miedo de (conducir) en la ciudad.
   Nosotros tenemos miedo de conducir en la ciudad.
4. Gisela y tú se alegran de que Ricardo (obedecer) las reglas (*rules*).
   Gisela y tú se alegran de que Ricardo obedezca las reglas.
5. Tú esperas (terminar) el trabajo antes de irte de vacaciones.
   Tú esperas terminar el trabajo antes de irte de vacaciones.
6. Daniel teme que sus padres (vender) la casa en donde nació.
   Daniel teme que sus padres vendan la casa en donde nació.

3 **¿Hace o haga?** Complete the sentences with the indicative or subjunctive of the verbs in parentheses.

1. Roberto es el chico que ___trabaja___ (trabajar) en el diario de la ciudad.
2. Álex y yo buscamos aspirantes que ___sepan___ (saber) usar bases de datos.
3. ¿Conoces a alguien que ___hable___ (hablar) más de cuatro idiomas?
4. El padre de Ana es el locutor que ___tiene___ (tener) un programa de entrevistas.
5. La señora López dice que no hay nadie que ___cocine___ (cocinar) mejor que ella.
6. Javier y yo somos artistas que ___dibujamos___ (dibujar) muy bien.
7. Mauricio quiere un asistente que ___viva___ (vivir) en Quito.
8. Andrea tiene amigos que ___estudian___ (estudiar) en la UNAM.

Nombre Fecha

4 **Planes de verano** Berta is writing an e-mail to her friend Pati about her plans for this summer. Complete the paragraph with the correct forms of the subjunctive.

Para: Pati | De: Berta | Asunto: Viaje de verano

Querida Pati:

Deseo que las clases (1) terminen (terminar) pronto. Dudo que (2) saque (sacar) malas notas, pero ya tengo planes para el verano. Tan pronto como (3) empiecen (empezar) las vacaciones, tomaré un avión a Montevideo. Si (4) hubiera comprado (comprar) mi boleto hace dos meses, habría pagado menos dinero, pero me alegro de que (5) hayan aceptado (aceptar) la tarjeta de crédito de mi hermana mayor. En cuanto (6) haga (hacer) la maleta, ¡lo escribiré en mi blog! Cuando (7) comience (comenzar) mi viaje, voy a escribir TODAS mis experiencias. Después de que (8) llegue (llegar) a Montevideo, mi primo Alberto y mis tíos irán por mí al aeropuerto. No descansaremos hasta que (9) visitemos/ hayamos visitado (visitar) todos los lugares interesantes de su país. ¡Uf! Me alegra que el verano (10) dure (durar) dos meses. En caso de que Alberto y yo (11) necesitemos (necesitar) más tiempo, regresaré el próximo año. Si tú (12) vinieras (venir) con nosotros, disfrutarías mucho. Siento mucho que (tú) no (13) puedas (poder) viajar este verano y espero que ya (14) te sientas (sentirse) mejor. Tan pronto como (yo) (15) encuentre (encontrar) un cibercafé en Montevideo, te escribiré.

Saludos,
Berta

5 **Que sea así** Combine the sentences, using the present or past subjunctive in the adjective clause.

modelo

Patricia fue a buscar un escritorio. El escritorio debía ser grande.
Patricia fue a buscar un escritorio que fuera grande.

1. Quiero elegir un candidato. El candidato debe ser inteligente y sincero.
   Quiero elegir un candidato que sea inteligente y sincero.
2. La empresa iba a contratar a un empleado. El empleado debía tener experiencia.
   La empresa iba a contratar a un empleado que tuviera experiencia.
3. Norma y tú van a comprar una casa. La casa debe estar en este barrio.
   Norma y tú van a comprar una casa que esté en este barrio.
4. Iván quería casarse con una chica. La chica lo debía querer mucho.
   Iván quería casarse con una chica que lo quisiera mucho.
5. Vamos a darle empleo a una señora. La señora debe saber cocinar.
   Vamos a darle empleo a una señora que sepa cocinar.
6. Ellos estaban buscando una persona. La persona debía conocer a Sergio.
   Ellos estaban buscando una persona que conociera a Sergio.

Lección 9

Nombre ______________________ Fecha ______________________

6 **¿Indicativo o subjuntivo?** Complete this letter with the present indicative or the present subjunctive of the verbs in parentheses.

Estimado cliente:

Le escribimos para informarle que su servicio de Internet inalámbrico ya (1) funciona (funcionar) a través de (*through*) nuestra empresa. Ahora usted (2) puede (poder) conectarse a Internet sin que la distancia y el lugar (3) sean (ser) un problema. Puede llamarnos a nuestra línea de servicio al cliente cuando usted (4) quiera (querer). Nuestros agentes (5) responden (responder) a las llamadas las 24 horas del día.

Además, le ofrecemos nuestro servicio de teléfono en línea. Ahora las llamadas internacionales le (6) cuestan (costar) sólo dos centavos por minuto a menos que usted (7) haga (hacer) las llamadas en fin de semana. Le sugerimos que (usted) (8) elija (elegir) nuestra empresa para conectarse no solamente a Internet, sino también con los amigos en todas partes del mundo. Tan pronto como usted (9) decida (decidir) usar nuestros servicios, llámenos. Le daremos toda la información que (usted) (10) necesite (necesitar).

7 **¿Qué habría pasado?** Write questions and answers with the elements provided to state what would have happened in each case.

modelo
si yo / haber estado en un incendio // (tú) / haber tenido miedo
¿Qué habría pasado si yo hubiera estado en un incendio?
Si hubieras estado en un incendio, habrías tenido miedo.

1. si don Diego / haber llegado tarde // (él) / no haber votado
¿Qué habría pasado si don Diego hubiera llegado tarde? Si don Diego hubiera llegado tarde, no habría votado.

2. si Jimena / haberte dicho eso // yo / no haber aceptado el trabajo
¿Qué habría pasado si Jimena te hubiera dicho eso? Si Jimena me hubiera dicho eso, yo no habría aceptado el trabajo.

3. si Maru y tú / haber sido discriminados/as // (nosotros/as) / haber luchado contra la desigualdad
¿Qué habría pasado si Maru y tú hubieran sido discriminados/as? Si hubiéramos sido discriminados/as, habríamos luchado contra la desigualdad.

4. si Felipe y Miguel / haber visto al criminal // (ellos) / haber llamado a la policía
¿Qué habría pasado si Felipe y Miguel hubieran visto al criminal? Si Felipe y Miguel hubieran visto al criminal, habrían llamado a la policía.

Lección 9

Síntesis

Write an essay about a famous politician. Include various types of **si** clauses and different uses of the subjunctive as you address the following: Answers will vary.

- State what you think about the person's life choices.
- With which aspects of the person's life do you agree and disagree?
- What do you like and dislike about him or her?
- What do you hope he or she will do in the future?
- Which of the things said about this person do you think are true and untrue?
- What would you have done and what would you do if you were this person?

Nombre ______________________ Fecha ______________________

panorama

Paraguay

1 **Preguntas sobre Paraguay** Answer these questions about Paraguay.

Answers may vary. Suggested answers:

1. ¿Cómo usan la lengua guaraní los paraguayos?

   El 90 por ciento de los paraguayos habla la lengua guaraní, que se usa con frecuencia en canciones, poemas, periódicos y libros.

2. ¿A qué se dedica el Teatro Guaraní?

   El Teatro Guaraní se dedica a preservar la lengua y la cultura guaraníes.

3. ¿Por qué se llaman "ñandutí" los encajes paraguayos?

   Los encajes paraguayos se llaman ñandutí porque esa palabra en guaraní significa "telaraña" y porque los encajes imitan el trazado que crean los arácnidos.

4. ¿Por qué visitan la represa Itaipú muchos turistas?

   Muchos turistas visitan la represa porque está cerca de las famosas Cataratas de Iguazú.

5. ¿Qué ríos sirven de frontera entre Paraguay y Argentina?

   El río Paraná y el río Paraguay sirven de frontera entre Paraguay y Argentina.

6. ¿Cuál es la importancia del río Paraná?

   El río Paraná tiene unos 3.200 km navegables, y por esta ruta pasan barcos de más de 5.000 toneladas que pueden ir desde el estuario del Río de la Plata hasta la ciudad de Asunción.

2 **Sopa de letras** Use the clues to find terms about Paraguay in the puzzle. Then, write down the answers.

1. capital de Paraguay
2. central hidroeléctrica
3. ciudad de Paraguay
4. encaje artesanal paraguayo
5. estuario al final del río Paraná
6. guitarrista paraguayo
7. un idioma de Paraguay
8. zona poco poblada de Paraguay
9. una mujer de Paraguay
10. país que hace frontera con Paraguay
11. río con 3.200 km navegables

U	R	Í	O	D	E	L	A	P	L	A	T	A
X	É	R	M	Z	L	U	L	G	A	D	M	R
A	I	I	T	A	I	P	Ú	L	M	Ñ	B	G
S	T	D	Á	Q	Ñ	F	M	V	B	F	Í	E
U	A	S	G	R	A	N	C	H	A	C	O	N
N	G	U	A	R	A	N	Í	R	R	M	H	T
C	U	B	A	R	R	I	O	S	É	Í	C	I
I	Á	F	P	A	R	A	N	Á	L	U	X	N
Ó	Ñ	A	N	D	U	T	Í	G	O	R	Ñ	A
N	O	H	P	A	R	A	G	U	A	Y	A	R

1. Asunción (vertical)
2. Itaipú (horizontal)
3. Lambaré (vertical)
4. ñandutí (horizontal)
5. Río de la Plata (horizontal)
6. Barrios (horizontal)
7. guaraní (horizontal)
8. Gran Chaco (horizontal)
9. paraguaya (horizontal)
10. Argentina (vertical)
11. Paraná (horizontal)

Lección 9

Nombre ______________________ Fecha ______________________

panorama

Uruguay

3 **Datos uruguayos** Complete the sentences with information about Uruguay.

1. Montevideo está situada en la desembocadura del Río de la Plata.
2. Hay numerosas playas que se extienden desde Montevideo hasta la ciudad de Río de la Plata.
3. La carne es un elemento esencial en la dieta diaria de los uruguayos.
4. El mate es una infusión similar al té y es muy típico de la región.
5. El fútbol es el deporte nacional de Uruguay.
6. En los años treinta se inició el período profesional del fútbol uruguayo.
7. El Carnaval de Montevideo dura unos cuarenta días y es el más largo del mundo.
8. La celebración más conocida del Carnaval de Montevideo es el Desfile de las Llamadas.

4 **¿Cierto o falso?** Indicate if each statement is **cierto** or **falso**. Correct the false statements.

1. Punta del Este es una ciudad cosmopolita e intelectual.
   Falso. Montevideo es una ciudad cosmopolita e intelectual.
2. Jorge Drexler es un compositor y cantante uruguayo.
   Cierto.
3. El mate es una bebida de origen africano que está muy presente en Uruguay.
   Falso. El mate es una bebida de origen indígena que está muy presente en Uruguay.
4. Uruguay y Argentina desean ser la sede de la Copa Mundial de fútbol en 2030.
   Cierto.
5. Uno de los mejores carnavales de Suramérica se celebra en Salto.
   Falso. Uno de los mejores carnavales de Suramérica se celebra en Montevideo.
6. En el Desfile de las Llamadas participan actores y actrices.
   Falso. En el Desfile de las Llamadas participan bailarines y bailarinas.

5 **El mapa** Identify the places on this map of Uruguay.

1. Paysandú
2. Río de la Plata
3. Cuchilla Grande
4. Brasil
5. Montevideo
6. Punta del Este

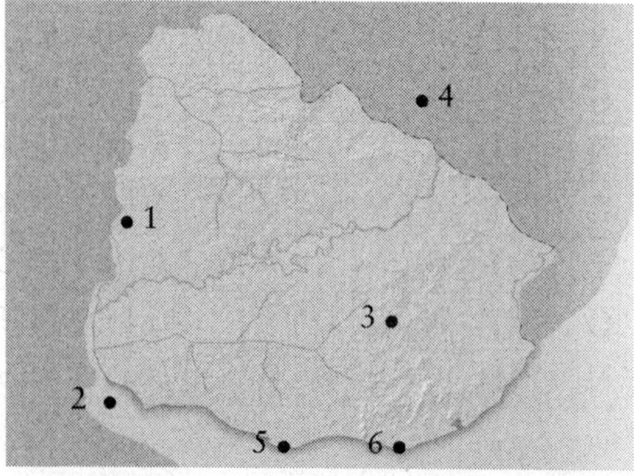

Lección 9

Nombre ______________________ Fecha ______________________

repaso

Lecciones 7–9

1 **¿Cuándo ocurrirá?** Create sentences with the elements provided. First, use the future and the present subjunctive. Then rewrite each sentence, using the future perfect and the present subjunctive.

modelo

(yo) / limpiar la casa // (nosotros) / ir al cine
Limpiaré la casa antes de que vayamos al cine.
Habré limpiado la casa cuando vayamos al cine.

1. Manuel / conseguir un trabajo // (tú) / comprar el coche
   Manuel conseguirá un trabajo antes de que compres el coche. Manuel habrá conseguido un trabajo cuando compres el coche.
2. el candidato / cumplir (*keeps*) sus promesas // Ana / votar por él
   El candidato cumplirá sus promesas antes de que Ana vote por él. El candidato habrá cumplido sus promesas cuando Ana vote por él.
3. Lola y yo / pintar el apartamento // ellos / mudarse
   Lola y yo pintaremos el apartamento antes de que ellos se muden. Lola y yo habremos pintado el apartamento cuando ellos se muden.
4. ustedes / terminar el trabajo // todos / llegar a la oficina
   Ustedes terminarán el trabajo antes de que todos lleguen a la oficina. Ustedes habrán terminado el trabajo cuando todos lleguen a la oficina.

2 **Oraciones incompletas** Complete each sentence using the correct phrase from the word bank. Use each phrase once.

la cocina no estaría tan sucia	no pasaría nada malo
los dibujos saldrían mejor	tenían ganas
ganáramos más dinero	tuvieran más experiencia
hubieras venido ayer	yo habría aprendido más

1. Si me hubieras ayudado a estudiar, yo habría aprendido más.
2. Ellos conseguirían ese trabajo si tuvieran más experiencia.
3. Habrías visto a Lucía si hubieras venido ayer.
4. Si siempre pagaran a tiempo, no pasaría nada malo.
5. Si la limpiáramos un poco, la cocina no estaría tan sucia.
6. Estaríamos más contentos si ganáramos más dinero.
7. Lilia y Marta nadaban si tenían ganas.
8. Si Gloria tuviera papel de mejor calidad, los dibujos saldrían mejor.

Nombre Fecha

3 **El subjuntivo en acción** Complete the text with the correct forms of the verbs in parentheses. Use the present subjunctive, the past subjunctive, the conditional, the conditional perfect, the present perfect subjunctive, and the past perfect subjunctive as appropriate.

Si yo (1) viviera (vivir) en Uruguay, me gustaría vivir en Montevideo. No he conocido a nadie que (2) haya estado (estar) allí antes. Mi amigo Daniel me recomendó el año pasado que (yo) (3) viajara (viajar) por Suramérica. Otros amigos me recomiendan que (yo) (4) visite (visitar) las islas del Caribe primero. Mi novia quiere que yo la (5) lleve (llevar) de vacaciones a Costa Rica. Es posible que este año mi familia (6) vaya (ir) de nuevo al Caribe en un crucero (*cruise*). ¡Es una lástima que (nosotros) no (7) hayamos visto (ver) muchos países de habla hispana todavía! Espero que este año (nosotros) (8) podamos (poder) viajar más. Si yo (9) tuviera (tener) mucho dinero, (yo) (10) viajaría (viajar) siempre. Si mis abuelos (11) hubieran tenido (tener) las oportunidades de viajar que tienen mis padres, habrían visto el mundo entero. Mi abuelo siempre nos aconsejó a nosotros que (12) disfrutáramos (disfrutar) de la vida y que nunca (13) trabajáramos (trabajar) tanto que no pudiéramos viajar. Si mi abuelo hubiera vivido hasta ahora, él (14) habría ido (ir) con nosotros a nuestro primer viaje en crucero. Y yo, ¡no dejaré de viajar hasta que me (15) muera (morir)! Espero que (nosotros) siempre (16) tengamos (tener) dinero, tiempo y salud para hacerlo.

4 **El extranjero** On a separate sheet of paper, write an essay in Spanish about life in the U.S. or Canada, a Spanish-speaking country, and your future home, using the following guidelines and keeping in mind the indicative and subjunctive tenses that you learned throughout your textbook. Answers will vary.

- First, describe life in the U.S. or Canada: what you like, what bothers you, what is good, and what is bad. Mention at least one stereotype that you consider to be true and another that you feel is untrue about life in the U.S. or Canada. What would you recommend to someone who has recently moved to the U.S. or Canada? What other advice would you give that person?
- Next, write about a Spanish-speaking country. What would your childhood have been like if you had been born and had grown up there? What would your city and home be like? What would your parents be like? What would your education have been like?
- Finally, describe where you want to live in the future and why. Be sure to include some of the same topics in your explanation that you described in the other two sections.

Credits

Photography and Art Credits

All images © Vista Higher Learning unless otherwise noted.

Cuaderno de práctica: 26: (all) Ali Burafi; **50:** (tl) Fotocolombia; (tr) Andrew Holbrooke/Corbis; (bl) Jesse Kraft/Shutterstock; (br) Janet Dracksdorf; **82:** (l) Jon McLean/Alamy; (r) Reinhard Eisele/Corbis; **84:** (t) Jacek Kadaj/Shutterstock; (b) Janet Dracksdorf; **91:** (l) Andre Nantel/Shutterstock; (r) José F. Poblete/Corbis.